고구마 탐정 과학 ②

비듬 마을에 나타난 코브라

서지원 글

한양대학교를 졸업하고 〈문학과 비평〉에 소설로 등단해, 지식과 교양을 유쾌한 입담과 기발한 상상력으로 전하는 이야기꾼입니다. 서울시 올해의 책, 원주시 올해의 책 외에도 2009 개정 초등 국정교과서와 고등 모델 교과서를 집필했습니다. 쓴 책으로는 《한눈에 쏙 세계사 2: 고대 통일 제국의 등장》《만렙과 슈렉과 스마트폰》《안녕 자두야 역사 실력이 빵 터지는 한국사 퀴즈》〈몹시도 수상쩍은 과학 교실〉〈빨간 내복의 초능력자〉〈고구마 탐정〉 시리즈 등 250여 종이 있습니다.

이승연 그림

대학에서 가구 디자인을 공부했으며, 지금은 어린이들이 좋아서 어린이책에 그림을 그리는 일을 하고 있습니다. 그린 책으로는 《로봇 반장》《게임 중독자 최일구》《비상! 바이러스의 습격》《거인의 나라로 간 좌충우돌 탐정단》〈고구마 탐정〉 시리즈 등이 있습니다.

고구마 탐정 과학 ❷ - 비듬 마을에 나타난 코브라

초판 1쇄 발행 2022년 03월 30일
초판 3쇄 발행 2024년 11월 04일

글 서지원　**그림** 이승연
발행처 주식회사 스푼북　**발행인** 박상희　**총괄** 김남원
편집 길유진 김선영 박선정 이지은
디자인 정진희 권수아　**마케팅** 박병건 박미소
출판신고 2016년 11월 15일 제2017-000267호
주소 (03993) 서울시 마포구 월드컵북로6길 88-7 ky21빌딩 2층
전화 02-6357-0050(편집) 02-6357-0051(마케팅)
팩스 02-6357-0052　**전자우편** book@spoonbook.co.kr

ISBN 979-11-6581-352-9 (73810)

* 저작권법에 의하여 한국 내에서 보호를 받는 저작물이므로 무단 전재와 무단 복제를 금합니다.
* 잘못 만들어진 책은 구입하신 곳에서 바꾸어 드립니다.

제품명 고구마 탐정 과학 2 | **제조자명** 주식회사 스푼북 | **제조국명** 대한민국
전화번호 02-6357-0050
주소 (03993) 서울특별시 마포구 월드컵북로6길 88-7 ky21빌딩 2층
제조년월 2024년 11월 04일 | **사용연령** 10세 이상
※ KC마크는 이 제품이 공통안전기준에 적합하였음을 의미합니다.

⚠ 주 의
아이들이 모서리에 다치지 않게 주의하세요.

고구마 탐정 과학 ❷
비듬 마을에 나타난 코브라

글 서지원 | 그림 이승연

스푼북

작가의 말

 고대 그리스 사람들이 저절로 움직이는 검은 돌멩이를 보고 마법이라고 소리를 질렀습니다. 돌멩이는 스스로 움직이기도 하고, 다른 것을 움직이게 하기도 했습니다. 세계 최초의 철학자라고 불리는 탈레스의 손에는 자석이 들려 있었습니다. 요즘 사람들이 본다면 코웃음을 치며 비웃을 일이었지만, 고대 그리스 사람들은 자석의 원리를 몰랐죠. 그래서 경이로운 마법이고, 놀라운 마법사라며 겁을 집어먹었던 것이지요. 탈레스는 한술 더 떠서 이렇게 결론을 내립니다.

 "자석은 동물이다."

 "이 검은 돌멩이가 동물이라고요? 눈도, 코도, 입도 없는데요?"

 "스스로 움직이거나 다른 것을 움직이게 할 수 있는 것은 영혼을 갖고 있다. 자석은 쇠를 움직이게 할 수 있지만, 쇠가 자석을 움직이게 하는 것은 아니다. 따라서 쇠는 영혼을 갖고 있지 않지만, 자석은 영혼을 갖고 있다. 동물은 영혼을 갖고 있다. 그러므로 자석은 동물이다."

 사람들은 탈레스의 말에 고개를 끄덕이며 존경을 표했습니다. 만약 고구마 탐정이 있었다면 날카롭게 문제를 지적했을 텐데 말입니다.

마법과 과학은 아주 다르지만, 과학을 모르는 사람에게 과학은 마법처럼 경이롭게 보일 것입니다. 과학이 마법의 시대였던 시기는 생각보다 매우 깁니다. 불과 300년 전까지만 해도 물질을 연구하는 과학은 연금술이었고, 과학자는 연금술사였습니다. 연금술사는 철이나 석탄, 돌멩이 같은 흔한 물질로 황금을 만들려는 사람이었지요. 연금술사들은 자신이 알고 있는 모든 지식을 총동원해 온갖 실험을 했습니다. 달걀노른자에 말똥을 섞고, 여기에 계피와 오줌을 넣은 다음 펄펄 끓을 때까지 오랜 시간을 저어 주었지요. 이런 괴상한 짓에 인생을 바친 연금술사가 적지 않았습니다. 심지어 만유인력의 법칙을 발견한 위대한 과학자 아이작 뉴턴과 영국 왕 찰스 2세도 연금술을 연구했습니다.

　결국 어떤 연금술사들도 황금을 만들어 내지 못했습니다. 하지만 연금술사들은 이 과정에서 과학을 크게 발전시켰습니다. 연금술사들은 실험 결과를 그림으로 표시했는데, 이것이 발전해서 오늘날 원소 기호가 되었습니다.

　이번에 고구마 탐정이 출동한 사건들은 물질과 관련돼 있습니다. 물질의 상태나 여러 가지 기체에 숨어 있는 과학의 원리를 정확히 안다면 엉터리 같은 마법에 속지도, 속임수에 넘어가지도 않을 것입니다. 명탐정이 되었다고 생각하고, 과학적인 추리를 해 보세요. 여러분이 바로 과학 명탐정입니다.

여러분의 친구이자 명탐정 X
서지원

인물 소개

고구마 탐정

경찰도 해결하지 못하는 어려운 사건을 기막힌 추리력으로 척척 풀어내는 명탐정. 생각을 오래 하면 머리에서 열이 나고 노릇노릇 고구마 굽는 냄새가 진동을 한다. 어디선가 꿀꺽 침이 넘어갈 정도로 맛있는 냄새가 난다면 고구마 탐정이 사건을 해결하고 있는 것!

알파독

강아지의 모습을 한 인공 지능 로봇. 초정밀 스캐너가 달린 눈, 냄새 탐지기가 달린 코, 초음파까지 들을 수 있는 소리 탐지기가 달린 귀로 고구마 탐정을 돕는다.

나뚱뚱 경감

날마다 다이어트를 외치지만 먹는 걸 너무 좋아해서 다이어트는 언제나 내일부터! 사건이 해결되지 않을 때 고구마 탐정을 찾아가 도움을 청한다.

오동통 형사

나뚱뚱 경감의 사촌 동생으로 별명은 미니 버거. 비듬 마을에 살고 있는데 사건을 해결하러 가서 해결은커녕, 사고를 더 많이 치고 오는 사고뭉치다.

차 례

작가의 말

미스터리 사건 파일 #1
비듬 마을에 나타난 코브라
8

미스터리 사건 파일 #2
뭐든지 다 파는 삭판다 상점의 진실
52

미스터리 사건 파일 #3
루이 14세 커피 잔의 묘연한 행방
98

<교과 연계>

3학년 1학기 과학 4. 자석의 이용

미스터리 사건 파일 #1

비듬 마을에 나타난 코브라

👤 추리 열쇠
금속을 끌어당기는 자석의 성질

똑 똑!

누군가 문을 두드리는 소리가 들렸어요.

고구마 탐정은 한껏 멋있는 척을 하며 문이 열리기만을 기다렸지요. 하지만 곧이어 모습을 보인 사람은 앞집 세쌍둥이였어요. 꼬마 삼총사가 사무실 안으로 우르르 들어왔지요.

"고구마 탐정!"

"도와줘요!"

"우리 집 햄스터랑 숨바꼭질했는데 도저히 못 찾겠어요!"

고구마 탐정은 두 눈을 부릅뜨고 꼬마 삼총사를 빠지직 노려보았어요. 그러거나 말거나 꼬마 삼총사는 해맑게 웃음을 지었지요.

"놉, 안 돼, 이 몸은 바쁘다고."

고구마 탐정이 단호하게 말하자 꼬마 삼총사의 눈에 눈물

햄스터…….

힝!

이 그렁그렁 차올랐어요.

"흑, 햄스터가 어딘가에 갇혀 있으면 어떡해요."

"흐엉, 햄스터가 길을 잃어서 슬프게 울고 있으면 어떡하라고요!"

고구마 탐정은 속으로 '너희들은 손이 없냐, 발이 없냐! 직접 찾으라고!' 이렇게 외치고 싶었지만……! 반짝이는 눈망울로 고구마 탐정을 올려다보는 꼬마들에게 차마 그 말을 할 수는 없었어요. 고구마 탐정은 겉은 까칠해 보여도 속은 아주 여리고 자상하니까요.

결국 고구마 탐정은 엄청난 추리력을 이용해 앞집 세쌍둥이네 햄스터를 찾는 일을 하고야 말았지요.

"아이고, 힘들어. 햄스터 찾다 고구마튀김 되겠네."

고구마 탐정이 헐떡이며 소파에 털썩 앉으려 할 때였어요.

누군가 '똑똑' 하고 또다시 문을 두드렸지요. 고구마 탐정은 소파에 축 늘어진 채로 "들어오세요, 나뚱뚱 경감님." 하고 말했어요.

"엇, 나라는 걸 어떻게 알았지?"

나뚱뚱 경감이 문을 열고 들어오며 물었지요.

"발소리가 예사롭지 않았거든요. 공룡 발소리 같다고나 할까? 내가 아는 사람 중에 그 정도로 무거운 사람은 나뚱뚱 경감님밖에 없으니까요. 그런데 경감님, 요즘 살이 더 찌셨어요? 전보다 발걸음 소리가 더 무거워진 것 같은데!"

고구마 탐정의 말에 '크큭!' 하는 웃음소리가 났어요. 알파독이 목을 길게 쭉 빼고 내다보니 나뚱뚱 경감과 똑같이 생겼지만, 몸집은 약간 더 작은 누군가가 서 있었지요.

"누구……?"

"내 사촌 동생 오동통이라네. 비듬 마을에서 형사로 일하고 있지."

나뚱뚱 경감이 머리를 긁적이며 소개했어요.

"아!"

고구마 탐정과 알파독은 품 새어 나오는 웃음을 간신히 참으며 인사했어요. 그도 그럴 것이 오동통 형사는 나

뚱뚱 경감과 정말 판박이였거든요. 몸집이 좀 작다는 것만 빼고요.

"혹시 오동통 형사님의 별명이 미니 버거 아닌가요?"

"그, 그걸 어떻게! 제 얼굴만 봐도 별명이 뭔지 추리가 되나요?"

오동통 형사가 놀란 듯 두 눈을 휘둥그레 떴어요.

"하하, 나뚱뚱 경감님 별명이 빅 버거거든요. 그보다 좀 더 작은 사이즈이니 미니 버거가 아닐까 해서요."

"아하!"

오동통 형사는 고구마 탐정의 예리한 추리력에 놀란 듯 입을 다물지 못했어요.

"그나저나 비듬 마을에서 여기까진 어쩐 일로……?"

고구마 탐정이 묻자 오동통 형사가 요즘 마을 사람들이 크게 다치거나 사고를 당하는 일이 많아졌다며 한숨을 내쉬었어요. 비듬 마을 사람 중에서 3분의 1은 다쳐서 병원에 다녀왔을 거란 말도 덧붙였지요.

"아니, 왜요?"

고구마 탐정이 심각하게 묻자 오동통 형사가 우물쭈물 대꾸했어요.

"그게…… 코브라 때문이에요."

오동통 형사는 얼마 전부터 마을에 코브라가 나타나기 시작했다고 했지요.

자, 잠깐만. 지금 나더러 코브라를 잡아 달라는 거예요?

"네, 고구마 탐정님은 집 나간 개, 고양이, 햄스터는 물론이고 애완 벼룩도 찾아내는 능력이 있다면서요!"

오동통 형사의 말에 고구마 탐정은 나뚱뚱 경감을 찌릿 노려보았어요. 나뚱뚱 경감은 헛기침을 하며 얼른 고개를 돌렸지요.

"도와주세요. 이대로 가면 마을 사람들이 위험해요!"

"하지만 전 탐정이지 땅꾼이 아니라고요. 절대 코브라처럼 위험한 뱀은 못 잡아요!"

오동통 형사가 눈물을 글썽였어요.

> 흑, 코브라를 잡지 못하면 우리 비듬 마을은 아무도 찾아오지 않는 공포의 마을이 될 거예요!

아, 마음 약한 고구마 탐정은 그 모습을 보고 모른 척할 수가 없었어요. 결국 고구마 탐정과 알파독은 나뚱뚱 경감과 함께 오동통 형사가 일하는 비듬 마을로 가게 되었답니다.

마을에 도착하니 상황이 얼마나 심각한지 알 듯했어요.

거리엔 유난히 다친 사람이 많아 보였지요. 어떤 사람은 다리를 절뚝거리며 걸었고, 어떤 사람은 팔에 붕대를 감고 있었으며, 이마를 다친 사람, 멍이 든 사람 등 다치지 않은 사람을 찾기가 힘들 정도였죠. 나뚱뚱 경감은 이 모든 게 난데없이 불쑥 나타난 코브라 때문에 놀라 넘어지거나 무언가에 부딪혀서 벌어진 일이라고 했지요.

"흠, 대체 누가 이런 짓을 한 거지? 마을 사람 모두에게 원한이 있는 것 같은데."

그사이 오동통 형사는 고구마 탐정을 낡고 우중충하고 음산한 건물 앞으로 데려갔어요.

"자, 이곳에서 사건을 해결할 때까지 지내시면 됩니다. 여긴 우리 마을에서 제일 좋은 호텔이에요."

건물 주변은 곳곳이 움푹 파이거나 불타고, 찢어지거나 망가져 있었어요. 무언가 아주 위험한 실험을 한 흔적 같았지요.

고구마 탐정은 의심스러운 눈빛으로 건물 주변을 두리

번거렸어요.

"헤헤, 사실 이곳은 어느 괴짜 과학자의 집이었어요. 그런데 그 과학자가 어느 날 훌쩍 사라져 버렸지 뭐예요. 그 뒤 이 집을 산 사람이 호텔로 개조해서 쓰고 있답니다. 물론 이곳을 찾는 손님은 없지만요!"

"아……."

"이건 비밀인데, 제가 코브라를 잡을 수 있는 사람을 데려오겠다고 했더니, 호텔 지배인이 방을 공짜로 주셨어요."

오동통 형사가 말했어요.

'맙소사! 비밀을 그렇게 대놓고 얘기하다니…….'

고구마 탐정이 놀랄 때였어요. 지배인이 불쑥 나타났지요.

"안녕하십니까? 저는 이 호텔의 지배인입니다. 이곳으로 말하자면 세상에서 가장 위대한 과학자, 금금해 박사가 살았던 곳이지요."

"금금해 박사? 처음 듣는 이름인데?"

고구마 탐정이 고개를 갸웃하자 나뚱뚱 경감도 그런 과학자는 모르겠다고 대꾸했어요. 그

뚜둑!

순간 지배인의 눈빛이 번뜩였어요. 찰나였지만 매서운 눈빛이 느껴지는 듯했지요.

"왜, 왜, 그러세요?"

고구마 탐정이 껄끄러운 표정으로 묻자 지배인은 애써 표정을 밝게 바꾸어 웃으며 말했어요.

"아닙니다. 우선 두 분께서 묵을 방으로 안내해 드리죠."

고구마 탐정과 알파독, 나뚱뚱 경감은 지배인의 안내에 따라 2층으로 올라갔어요. 그러자 아주 으리으리한 방이 보였지요. 침대도 푹신하고 가구도 아주 고급스러워 보였어요.

"와, 우리가 쓸 방이 여긴가요?"

"아닙니다."

지배인은 그 방 앞을 쌩하니 지나치더니 비좁고 답답한 방으로 안내했어요.

"애걔, 여기가 우리 둘이 쓸 방이라고요?"

"나 혼자 써도 꽉 찰 것 같은데?"

방이 얼마나 비좁은지 나뚱뚱 경감이 두 팔을 쫙 벌리

자 손끝이 벽에 닿을 정도였어요.

"위대한 과학자도 모르는 두 분께는 이런 방이 어울립니다."

지배인은 퉁명스럽게 대꾸하더니 아래층으로 쌩하고 내려가 버렸어요. 고구마 탐정은 어쩐지 좋지 않은 예감이 들었어요. 고생을 엄청나게 할 것 같은 느낌이랄까요?

고구마 탐정과 알파독, 나뚱뚱 경감이 비좁은 호텔 방에 짐을 풀고 있을 때였어요.

창문 너머로 이상한 피리 소리가 들려왔지요.

삘릴리~ 삘릴리~

뒤이어 요란한 비명이 들려왔어요. 오동통 형사의 목소리가 틀림없었지요. 놀란 고구마 탐정과 알파독, 나뚱뚱 경감은 소리가 난 쪽을 향해 부랴부랴 달려갔어요. 저 멀리 바닥에 철퍼덕 쓰러져 있는 오동통 형사가 보였지요.

"고, 고구마 탐정……!"

"오동통 형사님, 괜찮아요?"

오동통 형사가 가느다랗게 신음했어요.

"대체 무슨 일이에요?"

"방금 코브라를 만났어요. 그 녀석이 나를 향해 흔들흔들 춤을 추었지 뭐예요."

"뭐라고요?"

오동통 형사는 코브라가 빙글빙글 원을 그리며 춤추는 모습을 보고 놀라 뒷걸음질 치다가 넘어져서 바닥을 굴렀다고 말했어요.

"코브라는 어디로 사라졌나요?"

고구마 탐정이 묻자 오동통 형사는 모르겠다며 고개를 가로저었어요. 알파독이 코브라를 찾기 위해 코를 킁킁거리며 수색했지만, 아무것도 찾을 수 없었지요.

"코브라를 보았다는 다른 사람들도 만나 봐야겠어요."

고구마 탐정은 코브라를 보았다는 비듬 마을 사람들을 직접 만나 보았어요. 그들은 놀랍게도 한 가지 공통점을 이야기했지요.

사람들의 증언을 들은 나뚱뚱 경감은 범인을 잡을 방법이 있다며 무릎을 탁 쳤어요.

"어떻게요?"

오동통 형사가 엄지를 척 치켜들었어요.

그 모습을 본 고구마 탐정은 한숨을 내쉬었지요.

하지만 나뚱뚱 경감은 아랑곳하지 않고 자신의 추리로 범인을 밝힐 수 있을 거라며 사람들을 체포하기 시작했어요.

그 때문에 마을 광장은 체포된 수십 명의 사람들로 북적였지요.

"우린 학교에서 수행 평가 때문에 피리를 연습 중이었다고요!"

"피리를 못 부는 것도 죄가 되나요?"

범인으로 의심을 받는 용의자 중에는 초등학생도 있었고, 피리 동호회 회원도 있었어요. 사람들은 자기들을 잡아 온 이유가 뭐냐고 따지듯 물었어요.

"여러분을 의심하게 된 건 코브라가 나타나기 직전 들려온 서투른 피리 소리 때문이었습니다!"

나뚱뚱 경감의 말에 사람들은 이런 억지가 어디 있느냐며 고래고래 소리를 쳤어요. 광장은 아수라장이 되고 말았답니다.

결국, 나뚱뚱 경감은 사람들을 모두 풀어 주어야만 했어요.

"아휴, 힘들다!"

호텔로 돌아온 고구마 탐정은 바닥에 털썩 쓰러지며 말했어요.

"범인은 대체 어디에 숨어 있는 거지?"

나뚱뚱 경감은 울상이 되었지요.

그때 알파독이 코를 벌름거리며 나무 바닥을 발로 벅벅 긁어 대기 시작했어요.

"알파독, 코브라가 나무 바닥 아래에 있을 리 없잖아."

고구마 탐정이 당장 그만두라며 알파독을 나무랄 때였어요. 나무 바닥 틈 사이로 뭔가 삐죽 튀어나와 있는 게 아니겠어요?

고구마 탐정은 얼른 나무 바닥을 뜯어보았지요. 그러자 그 속에서 《금금하면 오백 원》이라는 책 한 권이 나타났어요. 책에는 먼지가 뽀얗게 앉아 있었지요.

"이게 뭐지?"

"딱 보니 재미없는 책이로군."

나뚱뚱 경감이 불쑥 끼어들었어요.

"그걸 어떻게 알죠?"

"책장을 넘긴 흔적이 거의 없잖아. 이렇게 빳빳하다는 건 엄청 재미가 없다는 증거지."

"아하!"

고구마 탐정이 고개를 끄덕였어요.

나뚱뚱 경감의 말대로 《금금하면 오백 원》이라는 책은 지루해서 도저히 다음 장을 넘기기 힘들 정도로 재미가 없었어요. 그 책은 과학 지식을 정리해 둔 백과사전 같은 것이었는데 무슨 말을 하는 건지 도무지 이해하기 힘들었지요.

"하암, 이 책을 보니까 저절로 잠이 오네. 이리 줘, 베

개로 쓰게."

나뚱뚱 경감은 책을 베개 삼아 드르렁드르렁 코를 골며 잠들었어요.

그렇게 시간이 얼마나 지났을까, 고구마 탐정은 문틈 사이로 느껴지는 차가운 눈빛을 느끼고 벌떡 잠에서 깼어요.

"누구냐!"

고구마 탐정이 외치자 문밖에서 우당탕 발걸음 소리가 났어요.

고구마 탐정과 알파독은 재빨리 일어나 밖으로 나갔지요. 하지만 문 앞에 서서 고구마 탐정을 노려보던 수상한 사람은 몹시 재빨랐어요. 고구마 탐정이 쫓아 나온다는 사실을 눈치채자마자 흔적도 없이 사라져 버렸거든요.

"아, 놓쳤어!"

"왈왈!"

고구마 탐정과 알파독은 거친 숨을 몰아쉬며 다시 숙소로 돌아왔어요.

이튿날 아침, 지배인이 아침을 준비했으니 응접실로 오라고 말했어요. 부스스 눈을 뜬 고구마 탐정이 늘어지게 하품을 하며 물었어요.

"하암, 지배인님. 어제 이 호텔에 누군가 침입했었나요?"

"아뇨, 그런 적 없습니다."

"주변을 살펴보지도 않고 자신 있게 말씀하시는군요."

"당연하죠. 이곳의 문은 유명한 과학자인 금금해 박사님이 만든 특수 잠금장치가 설치되어 있답니다. 누구도 그 잠금장치를 함부로 열 수는 없어요."

지배인의 말에 나뚱뚱 경감이 침을 닦으며 일어났어요.

"금금해 박사? 아, 그 재미없는 책을 쓴 사람?"

그 말에 지배인의 눈이 나뚱뚱 경감이 베개 대신 베고 잤던 책을 향하게 되었지요.

"그, 금금해 박사님의 책을 베고 주무셨군요."

"아, 난 책을 베고 누우면 잠이 더 잘 오더라고요."

나뚱뚱 경감이 멋쩍게 말하자 지배인은 주먹을 꼭 움켜쥐었어요.

"금금해 박사님이 이 사실을 알면 몹시 슬퍼하실 겁니다. 그 책은 금금해 박사님께서 평생 연구한 지식을 정리해 둔 책이거든요."

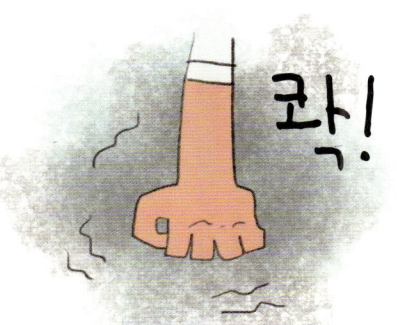

그렇게 말하는 지배인의 목소리가 살짝 떨리는 듯했지요. 고구마 탐정은 머리를 긁적이며 자리에서 일어났어요.

"이제 그만 식사나 하러 가시죠."

"아뇨, 식사는 없습니다."

갑자기 지배인이 딱 잘라 말했어요.

"에? 방금 아침이 준비됐으니 응접실로 가라면서요?"

고구마 탐정이 되묻자 지배인은 자신은 그런 말을 한 적이 없다며 오리발을 내밀었지요.

"그럼 밖에 나가서 뭐라도 사 먹자고. 수사를 열심히 해서 그런지 아침부터 배가 고프군."

나뚱뚱 경감이 주섬주섬 옷을 챙겨 입었어요.

"경감님은 지금껏 아무 수사도 안 하셨거든요?"

"그래도 배는 고프네."

이렇게 해서 고구마 탐정과 알파독, 그리고 나뚱뚱 경감과 오동통 형사는 아침 식사를 하기 위해 식당을 찾아갔어요.

식당의 요리사는 코브라를 만나는 바람에 놀라 넘어져서 팔을 다친 상태라고 했어요.

"어이쿠, 그럼 빵집이라도 가 볼까요?"

자리에서 일어나려던 고구마 탐정은 우연히 식당 책꽂이에 꽂혀 있는《금금하면 오백 원》이라는 책을 보았지요. 그 책은 오랫동안 아무도 읽지 않은 듯 먼지가 뽀얗게 쌓여 있었어요.

"고구마 탐정, 어서 가자고!"

"네, 네."

빵집에 도착한 고구마 탐정 일행은 이번에도 실망할 수밖에 없었어요. 빵집의 제빵

미안해요,
팔을 다쳐서
요리를 할 수가 없어요.

사도 코브라를 만나는 바람에 놀라 넘어져 다리를 다쳤던 거예요.

"으음! 이 사건이 이토록 심각한 것일 줄이야!"

나뚱뚱 경감은 무슨 일이 있어도 범인을 찾아야 한다며 두 주먹을 불끈 쥐었어요.

"맞아요, 이러다간 마을 사람들이 다 굶어 죽게 생겼다고요!"

오동통 형사도 코브라 때문에 못 살겠다며 맞장구를 쳤어요. 그때 고구마 탐정의 눈에 밀가루 포대 밑에 깔린 책 한 권이 보였지요. 그 책은 바로 《금금하면 오백 원》이었어요.

"이 마을 사람들은 《금금하면 오백 원》이라는 책을 많이 갖고 있군요."

고구마 탐정의 말에 빵집 주인이 말했어요.

"예전에 금금해 박사가 마을 사람들에게 나눠 주었지요. 그런데 재미가 없어서 읽을 수가 있어야지요."

"아하!"

"금금해 박사는 마을 사람들이 자기가 쓴 책을 잘 읽어 주지 않는다며 투덜거리다가 어느 날 갑자기 사라져 버렸어요."

"아, 그래서 금금해 박사의 연구실이 우리가 묵는 호텔로 바뀐 거로군요?"

"그렇죠."

고구마 탐정은 한참 동안 밀가루 포대 밑에 깔린 책을 바라보았어요. 그러자 나뚱뚱 경감과 오동통 형사가 배가 고파 죽겠다며 아우성을 치지 뭐예요. 고구마 탐정은 하는 수 없이 빵집을 나와야 했어요.

"두 분은 식당을 찾아보세요. 저는 호텔로 돌아가 찾을 게 있어요."

고구마 탐정은 나뚱뚱 경감과 오동통 형사에게 말하고는 혼자 호텔을 향해 저벅저벅 걸어갔답니다. 얼마나 갔을까, 갑자기 수풀 속에서 피리 소리가 들려왔어요.

삘릴리- 삘릴리- 삐익-!

그리고 눈 깜짝할 사이에 무시무시한 코브라가 고구마 탐정 앞에 나타났지요. 놀란 고구마 탐정은 뒤로 움찔 물러섰어요. 코브라는 뱅글뱅글 원을 그리며 움직이기 시작했어요. 당장이라도 기다란 혀를 날름거리며 공격할 것처럼 보였지요.

"왈왈!"

뒤늦게 코브라를 발견한 알파독이 짖어 댔어요.

"걱정하지 마, 이건 아무것도 아니니까."

고구마 탐정은 춤추는 코브라를 향해 한 걸음, 한 걸음 다가갔어요. 그 모습을 보고 겁을 먹은 알파독이 낑낑거렸지요. 하지만 고구마 탐정은 걸음을 멈추지 않았어요.

마침내 코브라 앞에 멈춰 선 고구마 탐정은 손으로 코브라의 목을 홱 낚아챘어요.

"고, 고구마 탐정! 코브라에는 사람을 죽이는 독이 있어!"

알파독이 짖는 소리를 듣고 달려온 나뚱뚱 경감과 오동통 형사가 그 광경을 보고 눈을 치켜떴어요.

"코브라에 물렸어요?"

"물렸다면 저세상으로 가는 고속 열차를 탄 걸세."

고구마 탐정은 아무렇지도 않게 코브라의 목을 홱 비틀어 버렸어요. 그러자 바닥에 코브라의 머리가 툭 떨어졌지요.

"헉, 저건!"

바닥에 떨어진 코브라의 머리는 종이로 만든 것이었어요.

"코, 코브라가!"

"가짜라니!"

나뚱뚱 경감과 오동통 형사가 거의 동시에 외쳤어요.

고구마 탐정은 골똘히 생각에 잠겼어요.

그러자 몸에서 달짝지근한 군고구마 냄새가 솔솔 풍겼지요. 아침을 못 먹은 나뚱뚱 경감과 오동통 형사는 동시에 군침을 꿀꺽 삼켰어요.

"고구마 탐정, 이게 어떻게 된 일인가?"

"처음부터 코브라는 가짜였어요. 이건 (실)과 (핀), 그리고 (자석)만 있으면 얼마든지 만들 수 있거든요."

"엥?"

고구마 탐정은 직접 코브라를 만들어서 보여 주겠다며 실과 핀을 가져왔어요. 그리고 실을 핀의 머리에 묶었지요. 그리고 고구마 탐정은 실 끝에다가 코브라 모양의 종이 인형을 묶어 두었어요.

"자, 이제 한 손에는 자석을 들고 실이 묶인 핀을 들어 올리는 거예요. 그런 다음 핀이 자석에 붙을락 말락 하도록 공중에서 자석을 가까이 가져갔다 뗐다 하는 거지요. 그러면 자석이 핀을 끌어당기는 힘 때문에 핀 머리에 매달린 실이 움직이게 되죠."

고구마 탐정은 실제로 자석을 들어 올려 보였어요. 그러자 실 끝에 매달려 있던 코브라 모양의 종이 인형이 춤을 추듯 움직였지요.

"세, 세상에!"

"우리가 본 코브라가 가짜였다니!"

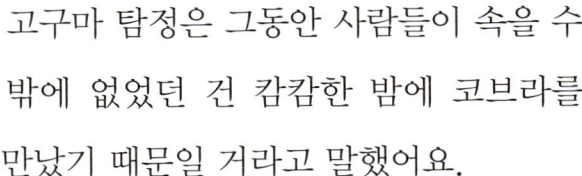

고구마 탐정은 그동안 사람들이 속을 수밖에 없었던 건 캄캄한 밤에 코브라를 만났기 때문일 거라고 말했어요.

"그렇게 사람들을 속이고 자신감을 얻은 범인이 이렇게 날이 훤할 때도 속임수가 먹힐 거라고 생각했던 거죠. 안 그런가요, 지배인님?"

고구마 탐정의 말에 나무 위에서 누군가 바스락 소리를 내며 나타났어요. 그건 바로 호텔의 지배인이었지요.

"훗, 잘도 내 속임수를 알아냈군."

지배인이 코웃음을 치며 고구마 탐정을 노려보았어요.

"처음부터 눈치를 챈 건 아니었어요. 하지만 재미없어도, 생각보다 과학 지식이 잘 정리된 책을 보고 알 수 있었죠. 바로《금금하면 오백 원》이라는 책 말이에요. 거기 이 속임수의 바탕이 되는 과학 내용이 정리되어 있더군요, 금금해 박사님."

순간 나뚱뚱 경감과 오동통 형사는 어리둥절한 표정으로 고개를 갸웃거렸어요.

고구마 탐정은 나뚱뚱 경감과 오동통 형사에게 진실을 알렸어요.

"금금해 박사는 마을 사람들이 자신이 오랫동안 쓴 책을 함부로 대하는 걸 보고 화가 나서 견딜 수 없었을 거예요. 그래서 처음엔 마을을 훌쩍 떠났다가 변장하고 나타났죠. 그리고 사람들에게 복수하기로 한 거예요. 제 말이 맞죠, 금금해 박사님?"

고구마 탐정이 지배인, 아니, 금금해 박사를 향해 물었어요.

"아하, 그래서 코브라를 이용해서 사람들을 놀라게 했던 거로군!"

"하나는 맞고 하나는 틀렸어. 내가 이 마을 사람들을 아주 미워한다는 건 맞아. 하지만 난 금금해 박사가 아니야!"

지배인이 얼굴을 갑자기 마구 문지르기 시작했어요. 그러더니 가면을 쑥 벗겨 냈죠. 지배인은 덕지덕지 붙어 있던 고무를 떼어 내고 화장을 지웠어요. 그러자 아직 어려 보이는 청년의 얼굴이 나타났

지요.

"사람들은 내가 세상에서 제일 존경하는 금금해 박사님께서 평생을 바쳐 연구한 지식을 정리한 책을 함부로 다뤘어. 누군가는 라면 받침으로 쓰는가 하면, 밀가루 포대 아래 함부로 던져두기도 했지. 나는 책을 한 장도 안 읽어 보고 휙 던져 놓은 사람들이 미웠다고!"

지배인은 사람들을 향한 원망을 쏟아 냈어요.

"아무리 그래도 사람들을 괴롭힌 건 용서할 수 없어요!"

고구마 탐정은 그만 죗값을 받으라고 소리쳤어요.

"싫어, 난 죄가 없다고!"

지배인은 고구마 탐정을 밀치고 달아나려 했어요. 나뚱뚱 경감과 오동통 형

우다다다다

사가 동시에 몸을 날려 지배인을 붙잡으려 했지만, 한발 늦고 말았지요. 지배인이 멀리 달아나려 할 때였어요.

어디선가 목소리가 들려왔어요.

"관둬라! 당장 멈춰. 그리고 사람들에게 미안하다고 사과해라."

목소리의 주인공은 나이가 아주 지긋한 백발의 할아버지였어요.

"바, 박사님!"

지배인이 그 자리에서 무릎을 꿇으며 외쳤어요.

"박사님? 그렇다면 이분이 금금해 박사?"

이건 나를 위한 일이 아니다. 나를 위한 일은 네가 착하고 훌륭한 과학자로 이름을 떨치는 거야.

"흑흑, 박사님!"

지배인이 울음을 터트렸어요.

사실 지배인은 금금해 박사의 조수였지요.

"미안하오, 내 못난 조수가 마을 사람들을 해코지했구려."

금금해 박사는 지배인을 용서해 달라며 고개를 숙였어요. 지배인은 경찰서로 붙잡혀 갔고, 더 이상 마을에는 코브라가 나타나지 않았지요.

이렇게 해서 '비듬 마을에 나타난 춤추는 코브라 사건'은 무사히 해결되었답니다.

도전! 고구마 탐정의 과학 추리 퀴즈
박용웅 씨의 가짜 계약금 사건

나뚱뚱 경감이 부랴부랴 고구마 탐정을 찾아왔어요. 해결하기 힘든 복잡한 사건이 생겼다지 뭐예요. 과연 어떤 사건일까요?

박용웅 씨는 매니저가 준 돈이 가짜라는 걸 어떻게 알아낸 걸까요? 사건의 열쇠는 바로 '액체로 된 자석'이에요.

※ 다음 숨은 그림에서 힌트를 찾으세요!

| 숨은그림찾기 | 야구공, 말굽자석, 못, 지우개, 잉크 |

이것들 가운데 액체라면 잉크밖에 없는데……. 잉크가 자석은 아니잖아.

자성을 띤 액체 잉크라면 얘기가 다르겠죠? 산화철 가루를 섞은 잉크를 자성 잉크라고 해요. 위조지폐를 만들지 못하게 하려고 진짜 돈은 자성 잉크로 인쇄하죠.

사건 해결!

박용웅 씨는 자석으로 돈에 자성 잉크가 있는지 없는지 알아본 거예요. 진짜 돈은 자석을 갖다 대면 움직이거든요.

탐정이 되기 위해 꼭 알아야 할 과학 원리

자석의 비밀

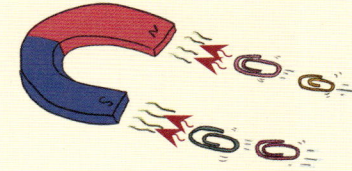

철로 된 건 뭐든 자석에 찰싹 달라붙나 봐!

자석은 철로 된 물체를 끌어당겨 자신의 몸에 찰싹 달라붙게 한 다음 놓아주려 하지 않지. 이런 성질을 **자성**이라고 해.

※ 동전이 자석에 달라붙지 않는 이유는?

동전을 여기서 잃어버린 것 같은데……!

두리번 두리번

소용없어. 동전은 구리를 이용해 만들거든. 구리나 알루미늄, 백금은 자석에 붙지 않아. 이런 것을 **비자성체**라고 하지.

옛날 중국 사람들은 철에 찰싹 달라붙는 성질을 가진 돌을 갈고 갈아서 바늘 모양으로 만들었어. 그리고 바늘이 움직일 수 있도록 만들어 두었지. 그 바늘은 빙글빙글 돌다가 특정한 방향을 가리켰어. 그걸 이용해서 남쪽과 북쪽을 알아냈지.

그래, 그게 바로 나침반이야.

자석이 북쪽과 남쪽을 가리키는 이유는 지구도 커다란 자석이기 때문이야. 자석은 같은 극끼리는 밀어내고 다른 극끼리는 끌어당기는 성질이 있지. 그러니까 지구의 북쪽은 자석의 S극 성질을 띠고, 남쪽은 자석의 N극 성질을 띠고 있는 거야. 옛날 사람들은 자석의 이러한 성질을 이용해 방향을 가리키는 나침반을 발명한 거지.

<교과 연계>

3학년 2학기 과학 4. 물질의 상태

미스터리 사건 파일 #2

뭐든지 다 파는 삭판다 상점의 진실

🔑 추리 열쇠
물질의 상태가 변하는 이유

고구마 탐정이 코브라 사건을 해결했다는 소식이 비듬 마을에 퍼졌어요.

사람들은 고구마 탐정 일행을 보면 감사의 인사를 건넸지요. 사람들의 친절한 모습에 고구마 탐정은 얼굴을 붉히며 수줍어했어요.

"탐정님, 언제든 햄버거 가게에 들러 주세요. 탐정님껜 무엇이든 공짜로 드릴게요."

"우리 빵집도 탐정님껜 공짜로 빵을 드리겠습니다!"

"아닙니다, 탐정으로서 해야 할 일을 했을 뿐인걸요."

고구마 탐정은 서둘러 집으로 돌아갈 준비를 했어요. 사건도 해결했으니 얼른 집에 가서 읽다 만 만화책을 보며 놀 생각이었죠. 그런데 나뚱뚱 경감은 우물쭈물할 뿐 짐을 꾸릴 생각을 하지 않았어요.

"시간이 늦었으니 차라리 여기서 하룻밤 더 자고 가면 어떨까?"

흠, 흐음!

크흠

"참, 내일 햄버거 가게에 들러 공짜 햄버거를 실컷 먹고 떠나는 건 어떤가? 오동통 말로는 그 집이 이 마을에서 제일가는 맛집이라던데."

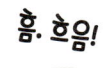

나뚱뚱 경감이 망설인 건 맛집 때문이었어요.

"큭!"

"왈!"

그 속셈을 눈치챈 고구마 탐정과 알파독은 동시에 웃음을 터트렸지요.

"그래요, 내일 아침에 맛있는 걸 실컷 먹고 난 뒤에 가자고요."

"아싸-!"

나뚱뚱 경감이 어린아이처럼 출싹대며 좋아했어요.

그렇게 해서 고구마 탐정 일행은 비듬 마을에서 하룻밤을 더 묵게 되었지요.

그런데 이튿날 점심시간의 일이에요. 식사를 위해 햄버거 가게를 찾은 고구마 탐정과 알파독, 나뚱뚱 경감은 주문도 하지 못한 채 우두커니 서 있어야만 했어요.

"죄송합니다, 준비한 재료가 이렇게 빨리 떨어질 줄은 몰랐어요!"

햄버거 가게 주인은 고구마 탐정에게 몇 번이고 머리

를 조아려 사과했어요.

"정말 이상한 일이라니까요. 평소랑 똑같은 양을 주문했는데 왜 재료가 모자란 건지 모르겠어요. 그 정도 무게의 고기라면 햄버거 안에 들어가는 패티를 100개는 만들 수 있을 텐데……."

식당 주인의 말에 고구마 탐정은 혹시 상점에서 재료의 양을 속인 게 아니겠냐고 물었어요. 그러자 식당 주인은 그럴 리가 없다며 손을 휘저었어요.

"제가 직접 고기의 무게를 저울에 달아 보거든요."

식당 주인은 고기를 다시 사 올 테니 잠시만 기다려 달라고 했어요.

그사이 배고픔을 참지 못한 나뚱뚱 경감이 금방이라도 울음을 터트릴 듯한 표정으로 말했지요.

"그렇다면 고구마 탐정, 빵이라도 사 먹자고!"

"그, 그러죠."

고구마 탐정과 알파독, 나뚱뚱 경감은 비듬 빵집으로 향했어요. 그런데 거기도 똑같은 일이 벌어져 있지 뭐예요.

"아이코, 이렇게 밀가루가 부족할 줄은 몰랐어요. 밀가루가 떨어지는 바람에 빵을 사러 온 손님들을 몇 명이나 돌려보내야 했다니까요."

빵집 주인 역시 평소처럼 밀가루를 샀는데 이상하게 재료가 부족해서 빵을 더 만들지 못했다고 말했지요.

"혹시 상점에서 밀가루의 양을 속인 게 아닐까요?"

"아니요, 그럴 리 없어요."

빵집 주인 역시 밀가루의 양을 직접 저울에 달아 본다고 말했지요. 그 말을 들은 고구마 탐정은 뭔가 수상쩍은 냄새가 난다고 느꼈어요.

"아무래도 조사를 해 봐야겠어요."

고구마 탐정은 배가 고프다며 칭얼거리는 나뚱뚱 경감을 버려둔 채 식당으로 달려갔어요.

"고기를 파는 상점이 어딘가요?"

"삭판다 상점이요. 거기가 이 마을에서 제일 크고 물건도 싸답니다."

고구마 탐정이 이번엔 빵집으로 달려갔어요. 그리고 밀가루를 파는 곳이 어딘지 물어보았지요. 이번에도 대답은 똑같았어요.

"흠, 내가 직접 삭판다 상점으로 가 보아야겠군."

고구마 탐정은 나뚱뚱 경감에게 삭판다 상점으로 와 달라는 문자를 남기고 부랴부랴 걸어갔어요.

상점은 아주 으리으리했지요.

한쪽 벽에는 과일, 과자, 밀가루, 채소, 각종 통조림과 양념 등이 가득했고, 다른 한쪽엔 생선 판매점이, 또 다른 한쪽엔 고기 정육점이 있었지요. 아주 귀엽게 생긴 종업원이 다가와 친절하게 인사했어요.

"과일을 좀 사고 싶은데요. 아! 사과가 좋겠네요."

"아, 마침 아주 달고 맛있는 사과가 들어왔답니다. 이쪽으로 오세요."

종업원은 고구마 탐정을 사과가 놓인 진열대 앞으로 안내했어요. 사과는 100그램에 1,000원이라고 쓰여 있었지요.

"과일의 무게는 어떻게 재나요?"

고구마 탐정이 묻자 종업원이 옆에 있는 저울을 가리켰어요.

"여기 있는 대형 저울에 사과를 올려 두시면 됩니다."

고구마 탐정은 큼직한 사과 한 개를 골라 저울에 올려놓았어요. 그러자 저울의 눈금자에 130그램이 표시되었지요.

"계산하시겠습니까?"

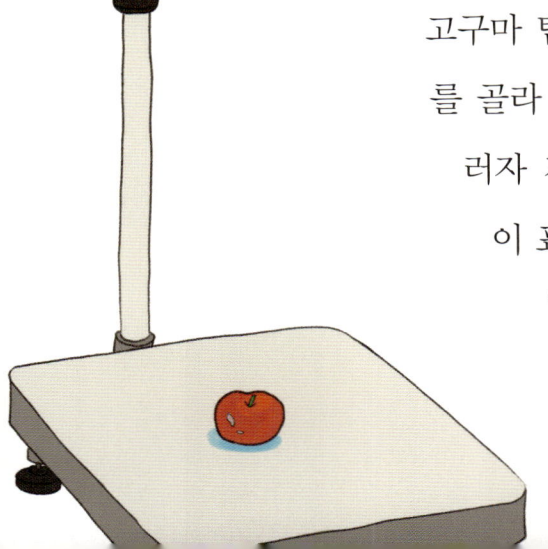

61

고구마 탐정은 지갑을 꺼내는 척 주머니를 뒤적거리다가 불쑥 이렇게 물었어요.

"잠깐, 이 저울이 정확한 건가요?"

"그럼요! 아주 정확하답니다."

"제가 사과의 무게를 다시 한번 확인해 보아도 될까요?"

"화, 확인이라니요? 어떻게 하시려고요?"

종업원의 물음에 고구마 탐정은 주변을 두리번거렸어요. 맞은편 선반에 큰 그릇과 쟁반, 물, 계량컵 따위가 놓여 있는 것이 보였지요.

"저만의 저울로 무게를 다시 달아 보려고요."

고구마 탐정은 큰 그릇을 쟁반 위에 놓은 다음 그릇에 물을 가득 채웠어요. 그리고 들고 있던 사과를 물이 든 그릇 속에 풍당 집어넣었지요. 순간 그릇 속의 물이 넘쳐 쟁반에 쏟아지고 말았답니다.

"어머머!"

놀란 종업원이 수건으로 쟁반을 닦으려 했어요.

"잠깐!"

고구마 탐정은 재빨리 쟁반에 넘친 물을 계량컵에 따랐어요. 그러고는 날카로운 눈빛으로 종업원을 쓱 바라보았지요.

"왜, 왜 그러시나요, 손님?"

"이 계량컵의 눈금이 몇 밀리리터인가요?"

"100밀리리터입니다."

"그럼 이 사과의 무게도 130그램이 아니라 100그램이에요."

"네?"

종업원이 당황한 듯 이마에 맺힌 땀을 훔쳤어요. 귀엽게 생긴 종업원은 금방이라도 눈물을 흘릴 것 같은 표정이었지요.

"잘 모르나 본데 저는 지금 물로 저울을 만든 것입니다."

"물로 저울을 어떻게 만드나요?"

"넘친 물의 양으로 무게를 재는 것이지요. 방금 보셨

듯이 물속에 들어간 사과 때문에 물이 넘쳤지요. 그렇게 넘친 물의 양은 그 물체의 무게와 같답니다. 그러니까 이 저울이 잘못된 것이겠죠?"

"그, 그럴 리가요!"

종업원이 절대 그럴 리 없다고 소리쳤어요. 바로 그때 나뚱뚱 경감이 쿵 소리를 내며 저울 위로 올라갔어요.

"오오, 갑자기 내가 살이 더 쪘군! 이거 봐, 100킬로그램이어야 하는데 130킬로그램이나 나가잖아! 비듬 마을에 와서 살이 이렇게 확 찔 줄이야!"

"여기 와서 맛있는 걸 많이 드셨으니 그렇겠죠!"

종업원의 말에 나뚱뚱 경감이 두 눈을 부릅떴어요.

"난 어젯밤부터 지금까지 아무것도 못 먹었어! 난 한 끼만 못 먹어도 살이 빠지는 사람이라고! 그런데 음식 재료가 다 떨어지는 바람에 아무것도 못 먹었다고, 흑흑흑!"

나뚱뚱 경감은 상품의 무게를 속여 판매한 삭판다 상점의 사장을 절대 가만둘 수 없다고 외쳤어요. 뒤늦게 부랴부랴 도착한 햄버거 가게 주인과 빵집 주인도 그동안 빼돌린 고기와 밀가루를 내놓으라며 아우성을 쳤지요.

종업원은 울먹이며 말했어요.

"죄송해요. 저도 어떻게 된 일인지 모르겠어요……."

"사장님께 전해요. 이 일은 절대로 그냥 넘어가지 않을 거라고!"

나뚱뚱 경감은 경고하듯 소리를 치고 돌아섰지요.

"하하, 결국 나뚱뚱 경감님의 소원대로 햄버거랑 빵을 실컷 먹었지만, 그 덕분에 오늘도 집에 돌아가지 못하게 됐어."

고구마 탐정과 알파독, 나뚱뚱 경감은 마지막 버스를 놓치고 말았지 뭐예요. 결국 모두 비듬 마을에서 하룻밤을 더 묵어야 했지요.

그런데 이른 새벽, 누군가 고구마 탐정이 묵고 있는 숙소의 문을 쾅쾅쾅 두드렸어요.

"누구세요?"

고구마 탐정이 부스스 일어나 문을 향해 소리쳤어요. 그러자 문밖에서 씩씩거리는 소리가 들려왔지요.

"누구시냐고요?"

고구마 탐정은 문 앞으로 휘적휘적 걸어갔어요.

삐꺽!

문을 열자 고구마 탐정 앞에 누군가 나타났어요. 그는 마치 해골처럼 앙상한 팔다리에 볼살이라곤 하나도 없는 얼굴을 한 노인이었어요.

"자네가 고구마 탐정인가?"

노인은 말을 하기도 힘겨운 듯 숨을 헐떡였어요.

"그, 그런데요?"

"나, 나를 좀 도와주게. 아무래도 내가 사기를 당한 것 같아!"

노인은 생각만 해도 화가 나는 듯 숨을 씩씩거렸어요. 고구마 탐정은 얼른 노인을 방 안으로 들어오게 했지요.

"일단 따뜻한 우유라도 좀 드세요."

"우유, 좋지. 우유엔 칼슘이 많아서 나 같은 노인이 먹으면 뼈가 튼튼해진다네. 몸에 좋은 것이니 많이 먹어야지!"

"그, 그렇죠."

고구마 탐정은 우유를 벌컥벌컥 들이켜는 노인을 물끄러미 바라보았어요.

그런데 노인이 주머니에서 무언가를 주섬주섬 꺼내기 시작했어요. 그건 온갖 종류의 알약들이었지요.

"이건 비타민, 이건 마그네슘, 이건 아연, 이건 셀레늄, 이건 콜라겐, 이건 칼슘, 이건 뭐였더라……."

"잠깐만요, 이 많은 약을 한꺼번에 다 드시는 거예요?"

"그래, 오래 살려면 어쩔 수 없어."

노인은 입을 크게 벌리고서 약을 한꺼번에 툭 털어 넣었어요. 그리고

소화를 시키듯 끄억, 하고 트림을 하더니 비로소 입을 열었지요.

"난 억만장자 진시황이라고 하네. 자네가 이 마을에서 벌어진 흉흉한 사건을 한꺼번에 해결한 그 고구마 탐정이지?"

"네……."

고구마 탐정은 아까 사기를 당한 것 같다고 말한 게 무슨 뜻이냐고 물었어요. 그러자 진시황은 눈시울을 붉히며 이야기를 시작했지요.

"나는 젊어서부터 악착같이 돈을 모았다네. 그 덕에 지금은 억만장자가 되었지. 하지만 돈이 많으면 뭐 해! 제대로 쓸 수도 없는데. 몸이 아파서 쇼핑도 못하고, 힘이 들어서 세계 여행도 할 수가 없어."

"그, 그러시군요."

"그래서 나는 내 돈을 펑펑 쓰기 위해 한 가지 방법을 생각해 냈지. 바로 영원히 죽지 않는 약을 찾는 것이었어."

"그런 약이 세상에 있을 리가요."

고구마 탐정이 머리를 긁적였어요.

그러자 진시황은 기침을 콜록대며 다시 말을 이었지요.

"나도 처음엔 그런 약이 과연 있을까 하는 생각을 했지. 하지만 삭판다 상점에 갔다가 마음이 바뀌었다네."

"삭판다 상점?"

"그래, 그곳의 사장인 삭스리는 무엇이든 구할 수 있다고 자신 있게 말했지. 그래서 난 삭스리에게 돈은 얼마가 들어도 좋으니 죽지 않는 약을 구해 달라고 부탁했어. 그리고 얼마 지나지 않아서 나는 삭스리에게 약을 하나 받았다네."

진시황은 고구마 탐정에게 문제의 약을 보여 주었어요. 그것은 쿰쿰한 냄새가 나는 까만색 알약이었지요.

"자네가 보기엔 어때 보이는가?"

고구마 탐정은 약의 냄새를 맡아 보고 살짝 맛을 보기도 했어요.

"이 약은 냄새도 이상하고 끈적끈적한 것이 마치 약이라기보단…… 똥 덩어리 같은데요?"

"잘 봤네! 그건 토끼 똥이었어."

"캑!"

고구마 탐정은 어이없는 표정으로 진시황을 바라보았어요. 그러자 진시황이 눈살을 찌푸리며 말했지요.

"삭스리 그 녀석이 내게 토끼 똥을 죽지 않는 약이라고 속여 판 것이었지!"

고구마 탐정이 온몸을 떨며 약을 휙 던져 버렸어요.

진시황은 그것이 진짜 죽지 않는 신비의 약이라고 믿었기에 속을 수밖에 없었다며 눈물을 훌쩍였어요.

"난 그 약이 진짜라고 철석같이 믿고 전 재산을 주었다고!"

"그, 그랬군요."

"아마 자넨 지금 속으로 '그런 황당한 거짓말을 믿다니, 제정신인가?' 이런 생각을 하고 있겠지? 나도 약을 사기 전에 은밀하게 삭스리가 어떤 사람인지 알아보았다네. 그는 매우 비밀스럽고 조심성이 많은 사람이라더군. 얼굴을 보여 준 사람이 몇 안 될 정도로 감추는 것도 많댔지."

진시황은 삭스리에 대해 조사해 보았지만, 아주 교활하고 몸집이 작다는 것 말고는 특별히 알아낸 것이 없었다고 했어요. 그래서 고민 끝에 직접 만나 보기로 했다지요.

"난 삭스리의 능력을 두 눈으로 확인하고 곧장 약을 샀다네. 그 신비한 능력을 보면 믿을 수밖에 없을 걸세."

그 이후 진시황은 삭스리가 준 약을 열심히 먹었지만 조금도 나아지는 듯한 느낌이 들지 않았대요. 그래서 성분을 조사해 보았더니 그게 토끼 똥이었다지 뭐예요.

진시황은 고구마 탐정의 팔을 붙잡으며 말했어요.

"부탁이네, 사기당한 내 전 재산을 되찾아 주게!"

고구마 탐정은 툭하면 마을 사람들을 속이고 나쁜 짓을 일삼은 삭판다 상점의 사장인 삭스리에게 본때를 보여 주어야겠다고 다짐했지요.

이튿날 아침, 날이 밝기 무섭게 고구마 탐정은 숙소를 나왔어요.

"어? 식당은 이쪽이야."

나뚱뚱 경감과 알파독은 반대쪽을 향해 성큼성큼 걸어가는 고구마 탐정을 보고 고개를 갸웃했지요.

나뚱뚱 경감은 믿을 수 없다는 표정으로 고구마 탐정을 쫓아갔어요.

고구마 탐정이 도착한 곳은 문 열 준비를 하느라 분주한 삭판다 상점이었어요. 나뚱뚱 경감은 무게를 속이는 저울이라면 어제 압수했다며 더 이상 신경 쓰지 않아도 된다고 말했어요. 그때 고구마 탐정 일행을 발견한 종업원이 주춤주춤 뒷걸음질 치기 시작했어요.

"잠깐, 오늘은 다른 일 때문에 왔어요."

"무, 무슨 일이요?"

"사장님을 만나려고요. 들자 하니 이곳에서 영원히 죽지 않는 약을 판다면서요?"

그 말을 들은 나뚱뚱 경감이 두 눈을 휘둥그레 떴어요.

"세상에 그런 약이 있단 말인가?"

"네, 이곳에서만 파는 특별한 약이래요. 그 약이 어떤 것인지 구경하고 싶어서요."

"오, 정말 대단하군!"

나뚱뚱 경감은 그런 약이 있다면 꼭 한번 먹어 보고 싶다며 군침을 삼켰어요. 그때 바로 뒤에서 누군가의 목소리가 들려왔지요.

뒤를 돌아보니 은빛 양복을 입은 낯선 남자가 서 있었어요.

"정말 그 약을 원하신다면 잘 찾아오셨습니다. 반갑습니다. 저는 삭판다 상점의 사장 삭스리입니다."

"오, 사장님은 마치 은갈치 같군요! 은갈치…… 그걸 불판에 노릇노릇 구운 다음 밥이랑 같이 먹으면 기가 막히게 맛있을 텐데!"

나뚱뚱 경감이 입맛을 쩝 다셨어요.

"그런데 어떻게 죽지 않는 약을 만들 수 있는 거죠?"

고구마 탐정이 묻자 삭스리는 자신에겐 아주 특별한 능력이 있다고 말했지요.

"그게 어떤 능력인가요?"

"우선 저를 따라오십시오. 제가 몇 가지 보여 드릴 게 있습니다."

삭스리가 고구마 탐정 일행을 안내한 곳은 삭판다 상점

뒤편에 있는 호숫가였어요. 호숫가에는 작은 테이블이 하나 놓여 있었고, 의자 몇 개가 있었지요. 삭스리는 고구마 탐정 일행에게 의자에 편안히 앉으라고 말했어요.

"우리 몸은 무엇으로 이루어져 있을까요?"

삭스리의 질문에 나뚱뚱 경감이 고개를 갸웃하다 말했어요.

"살?"

"아뇨, 우리 몸의 70퍼센트는 물로 이루어져 있답니다. 그리고 저에게는 물을 지배하는 능력이 있지요."

"정말요?"

삭스리는 그 증거를 보여 주겠다며 테이블 위에 놓인 뜰채를 집어 들었어요.

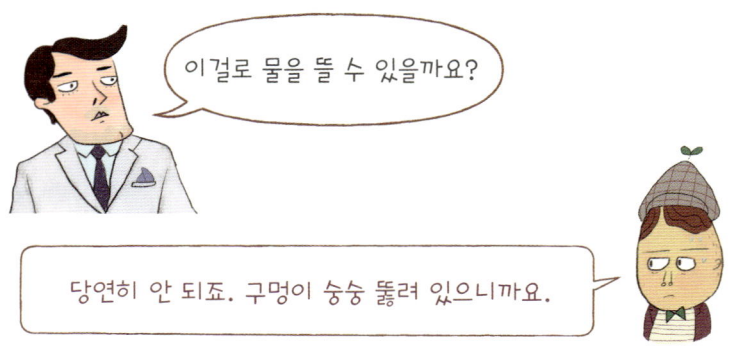

이걸로 물을 뜰 수 있을까요?

당연히 안 되죠. 구멍이 숭숭 뚫려 있으니까요.

고구마 탐정이 대꾸하자 삭스리가 묘한 미소를 지었어요.

"맞습니다. 보통 사람에겐 불가능한 일입니다. 하지만 저는 달라요. 저는 물을 지배할 수 있으니까요."

"에이, 거짓말!"

"왈!"

나뚱뚱 경감과 알파독이 믿을 수 없다는 듯 웃음을 터트렸어요. 그러자 삭스리는 뜰채를 들고 호숫가로 다가가더니 물을 퍼 올렸지요.

순간 모두의 눈이 휘둥그레지고 말았어요. 구멍이 뻥뻥 뚫려 있는 뜰채에 물이 가득 담겨 있었던 거예요.

"어, 어떻게 이런 일이 가능한 거죠?"

나뚱뚱 경감은 몇 번이고 눈을 비비고 뜰채 안에 든 물을 다시 보았어요.

"이번엔 더욱 재미있는 걸 보여 드리죠."

삭스리가 이번엔 자신이 물 위를 걸어가는 모습을 보여 주겠다고 얘기했어요.

"그건 말도 안 돼!"

"왈왈!"

나뚱뚱 경감과 알파독이 동시에 외쳤어요.

"자, 두 눈을 똑바로 뜨고 보십시오."

삭스리가 물 위로 한 걸음 내디뎠어요.

한 걸음, 두 걸음, 세 걸음……. 삭스리가 정말로 물 위를 걷기 시작했어요. 그렇게 물 위를 걸은 삭스리는 호숫가의 가운데까지 도착했지요.

"자, 이 정도면 나를 믿겠습니까?"

"미, 믿습니다!"

나뚱뚱 경감은 큰절하듯 바닥에 납작 엎드린 채 소리쳤어요.

"좋습니다. 그렇다면 이번엔 당신들이 원하는 약을 보여 드리도록 하지요."

삭스리는 양복 안주머니에서 작은 알약 몇 개를 꺼냈어요. 그것은 진시황이 보여 주었던 검고 동글동글한 알약과 똑같은 것이었지요.

"이것은 영원히 죽지 않는 약입니다."

"혹시 먹으면 홀쭉해지는 그런 다이어트 약도 있나요?"

나뚱뚱 경감의 말에 삭스리는 미소를 지으며 대꾸했어요.

"당연하죠. 자, 이 약을 먹으면 당신은 모델처럼 훌륭한 몸매를 갖게 될 겁니다."

나뚱뚱 경감은 고구마 탐정이 말릴 틈도 없이 삭스리가 내민 약을 꿀꺽 집어삼켰어요.

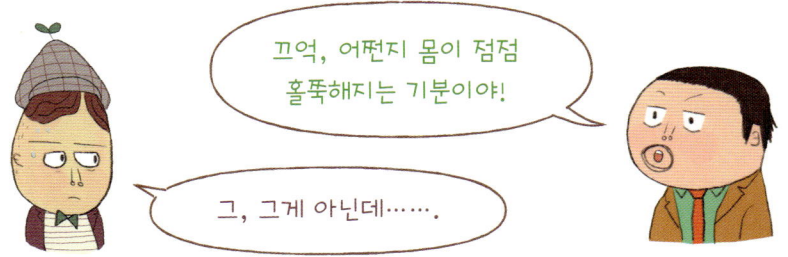

고구마 탐정은 차마 나뚱뚱 경감에게 방금 먹은 약이 토끼 똥이라는 사실을 말하지 못한 채 우물쭈물했지요.

"그쪽은 왜 약을 먹지 않는 겁니까? 내가 아직 의심스러운가요?"

삭스리의 말에 고구마 탐정은 인상을 찌푸렸어요.

"난 당신이 무슨 짓을 한 건지 알고 있어."

"뭐라고요? 지금 내가 속임수를 쓰기라도 했다는 겁니까?"

"그래!"

"그렇다면 내가 무슨 속임수를 어떻게 쓴 것인지 말해 보세요. 증거를 가져와 봐요!"

고구마 탐정은 곧장 대꾸하지 못했어요. 그러자 나뚱뚱 경감이 고구마 탐정의 옆구리를 쿡 찌르며 말했지요.

"고구마 탐정, 이건 100퍼센트 속임수가 아니야. 방금 우리 눈으로 직접 봤잖아, 물을 마음대로 조종하는 걸 말이야."

고구마 탐정은 어떻게 하면 삭스리의 속임수를 밝혀낼 수 있을까 고민했어요. 고구마 탐정이 추리를 시작하자 어디선가 고소하고 달짝지근한 냄새가 진동했지요.

동시에 고구마 탐정의 얼굴이

벌겋게 달아올랐어요. 마치 노릇노릇 구워지는 고구마처럼요.

"알파독, 가루, 녹말가루를 찾아야 해!"

"왈!"

고구마 탐정의 외침에 알파독이 코를 킁킁거리기 시작했어요. 땅에 코를 파묻고 다니던 알파독은 무언가를 발견한 듯 앞발로 땅을 파헤쳤어요.

"거기 뭐가 있는 건가?"

나뚱뚱 경감이 알파독을 도와 땅을 팠지요. 그러자 녹말가루가 잔뜩 담긴 포대와 식용유 통이 나왔어요.

"이게 뭐지?"

"그건 삭스리 사장이 우리를 속일 때 이용한 것들이에요!"

"뭐?"

고구마 탐정은 빈 식용유 통을 들어 올리며 말했어요.

뜰채에 물을 담을 수 있었던 건 식용유 덕분이에요. 뜰채에 식용유를 붓고 물을 채우면 **식용유가 틈 사이로 들어가 빈틈을 메꾸는 역할을 해요.** 그래서 물을 담을 수 있었던 거죠.

그 말을 들은 나뚱뚱 경감은 얼른 뜰채를 살펴보았어요. 아니나 다를까, 뜰채의 거름망에는 기름이 묻어 있었지요.

"하지만 물 위를 걷는 건 진짜였어!"

삭스리가 억울하다며 소리쳤어요.

"아뇨, 사람이 물 위를 걷기 위해서는 1초에 30미터의 속력으로 달려야 해요. 그건 불가능한 일이죠."

"난 물을 마음대로 조종할 수 있으니 가능하다고!"

천만에, 당신이 물 위를 걸을 수 있었던 건 녹말가루 덕분이었지. **녹말가루가 물에 닿으면 순간적으로 딱딱해지기 때문에** 몸무게가 가벼운 사람은 가루를 밟으며 걸어갈 수 있는 거라고.

고구마 탐정의 말에 삭스리는 분하다는 듯 입술을 잘근 깨물었어요.

"이제 더 이상 사람들을 속이지 못하게 만들어 주겠어!"

고구마 탐정이 외칠 때였어요. 오동통 형사와 마을 사람들이 호숫가로 달려왔지요.

"거기 서! 이 사기꾼!"

오동통 형사는 삭스리에게 비싼 돈을 주고 다이어트 약을 샀었다며 억울해했어요.

"내 돈 내놔!"

"내 돈 돌려줘! 빨리!"

마을 사람들이 몰려들었어요. 삭스리는 뒷걸음질을 치며 도망가려고 했어요.

"어딜 가려고!"

"거기 서!"

나뚱뚱 경감과 오동통 형사가 삭스리를 향해 거의 동시에 몸을 던졌지요. 제일 먼저 바닥에 넘어진 건 오동통 형사였어요. 그 위에 삭스리가 넘어지고, 그 위에 나뚱뚱 경감이 넘어져서 마치 햄버거처럼 되어 버렸지 뭐예요.

두 형사 사이에 낀 삭스리는 숨을 헐떡이며 살려 달라

고 애원했어요.

"으! 나 좀 살려 줘요!"

"다시는 도망칠 꿈도 꾸지 마!"

나뚱뚱 경감은 삭스리의 손목에 수갑을 채웠어요.

그 모습을 본 종업원은 새파랗게 질린 얼굴로 슬금슬금 뒷걸음질을 쳤어요. 그 순간 고구마 탐정의 머릿속에 퍼뜩 스쳐 가는 말이 하나 있었지요.

바로 진시황이 했던 말이었어요.

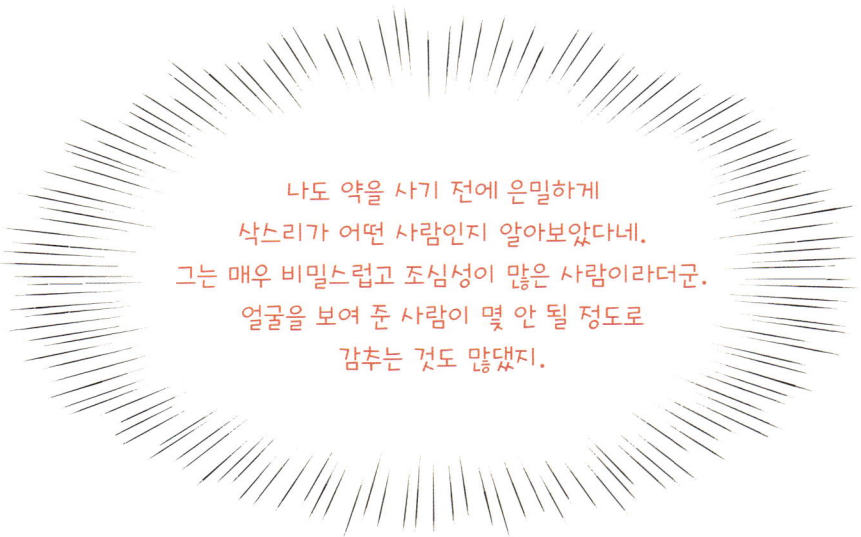

나도 약을 사기 전에 은밀하게
삭스리가 어떤 사람인지 알아보았다네.
그는 매우 비밀스럽고 조심성이 많은 사람이라더군.
얼굴을 보여 준 사람이 몇 안 될 정도로
감추는 것도 많댔지.

'삭스리는 아주 교활하고, 몸집이 작다고 했어. 교활한 사기꾼 삭스리가 사람들 앞에 당당하게 모습을 드러낼 리 없지. 그래, 어쩌면 우리가 붙잡은 삭스리는 진짜가 아닐지도 몰라.'

"알파독, 종업원을 붙잡아!"

이거 놔!

고구마 탐정이 외치자 알파독이 쏜살같이 달려가 종업원의 옷자락을 왕 물었지요.

귀엽고 친절하게 말하던 종업원이 앙칼지게 소리쳤어요. 마치 딴 사람인 듯했지요.

"역시, 내 생각이 맞았어. 진짜 삭스리는 당신이야!"

종업원이 금방이라도 눈물을 흘릴 듯한 표정으로 고구마 탐정을 바라보았어요. 고구마 탐정은 더는 그런 속임수에 속지 않는다며 코웃음을 쳤지요.

"범인은 바로 당신이야!"

그때 진시황이 나타났어요.

진시황의 증언을 들은 나뚱뚱 경감과 오동통 형사는 재빨리 진짜 삭스리의 팔을 낚아챘어요. 진짜 삭스리는 발버둥 치며 놓으라며 앙칼지게 소리쳤지요.

"휴, 하마터면 진짜를 놓칠 뻔했네."

이렇게 해서 이번 사건도 무사히 마무리되었답니다.

도전! 고구마 탐정의 과학 추리 퀴즈
진시황의 금고 도난 사건

나뚱뚱 경감이 고구마 탐정을 찾아왔어요. 오늘은 또 어떤 복잡한 사건을 가지고 왔을까요?

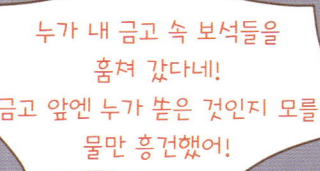

누군가 어마어마한 부자 진시황의 금고를 털었어요. 열쇠가 없으면 절대 문을 열 수 없는 금고인데 말이죠. 범인은 어떻게 금고를 열 수 있었을까요?

단서는 이 거실에 있어요. 거실에서 달라진 점을 찾아보세요.

달라진 점이라……. 정말 이 거실엔 먼지 하나 없이 깨끗한데, 어디가 수상하다는 건가?

힌트는 바로 이것! 이것은 온도에 따라 모양을 바꿀 수 있거든요.

※ 다음 두 그림에서 다른 점을 찾아보세요!

사건 해결!

진시황의 거실에 놓인 금고를 열 수 있었던 건 바로
얼음 열쇠 덕분이었어요. 도우미는 진시황이 목욕하는 틈에
미리 준비해 둔 열쇠 틀에 물을 넣고 재빨리 얼음을 만들었던 거죠.
그리고 진시황 몰래 얼음 열쇠로 금고 문을 연 다음
감쪽같이 보석들을 가로챈 거예요.

탐정이 되기 위해 꼭 알아야 할 과학 원리
물질의 상태 변화 속에 숨은 비밀

물질의 상태는 액체, 고체, 기체로 나누어진다는 건 누구나 다 아는 사실 아니야?

아니, 우리 주변엔 액체인지 고체인지 헷갈리는 물질도 있지. 액체의 성질도 갖고 있고 고체의 성질도 가진 것 말이야.

※ 알파독이 치약으로 양치질을 하려고 해요. 치약은 액체일까요, 고체일까요?

눈에 보이고, 손에 잡히는 데다 흘러내리지도 않지만 뭔가 고체라기엔 물렁물렁한 물질을 '겔'이라고 해.

액체와 고체의 중간 단계쯤 되는 물질인 건가?

물질의 상태를 흔히 고체, 액체, 기체 세 가지로만 생각하는데 요즘 과학자들은 물질의 네 번째 상태가 있다는 걸 알아냈답니다. 이 상태를 '플라스마'라고 해요.

번개는 기체 상태의 물질들이 아주 높은 열을 받아 전기를 띠는 작은 알갱이로 쪼개지는 현상이에요. 전기가 통한다는 것은 그 물질이 전하를 띠고 있다는 뜻이지요. 이 상태를 바로 플라스마라고 하지요. 우주에선 모든 물질이 플라스마 상태로 존재한대요.

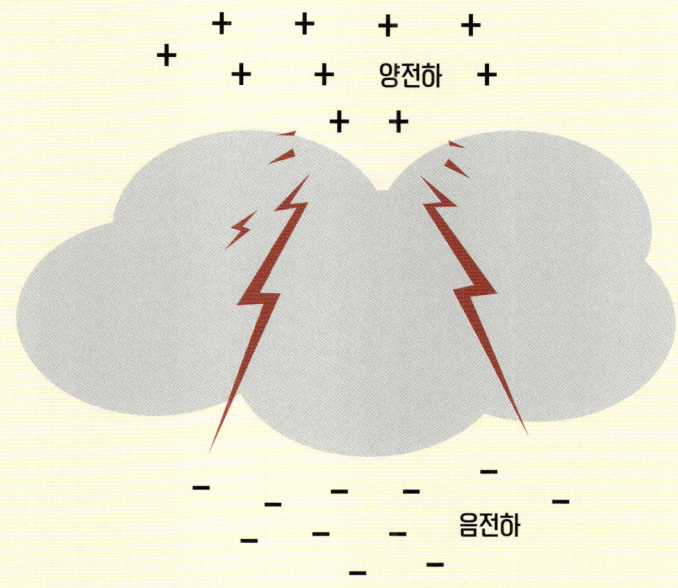

　유리 역시 겉으로 보기엔 딱딱한 고체 같아 보이지만 분자들을 자세히 살펴보면 액체에 가깝다는 걸 알 수 있지요. 유리에 열을 가하면 액체 성질을 띠고 흘러내리게 되거든요. 우리가 유리컵이나 다양한 유리 제품들을 만들 때 열을 가하는 건 바로 이 때문이에요. 액체 상태일 때 모양을 만들어 주고 열을 식혀서 딱딱한 고체 상태가 되도록 하는 것이지요.

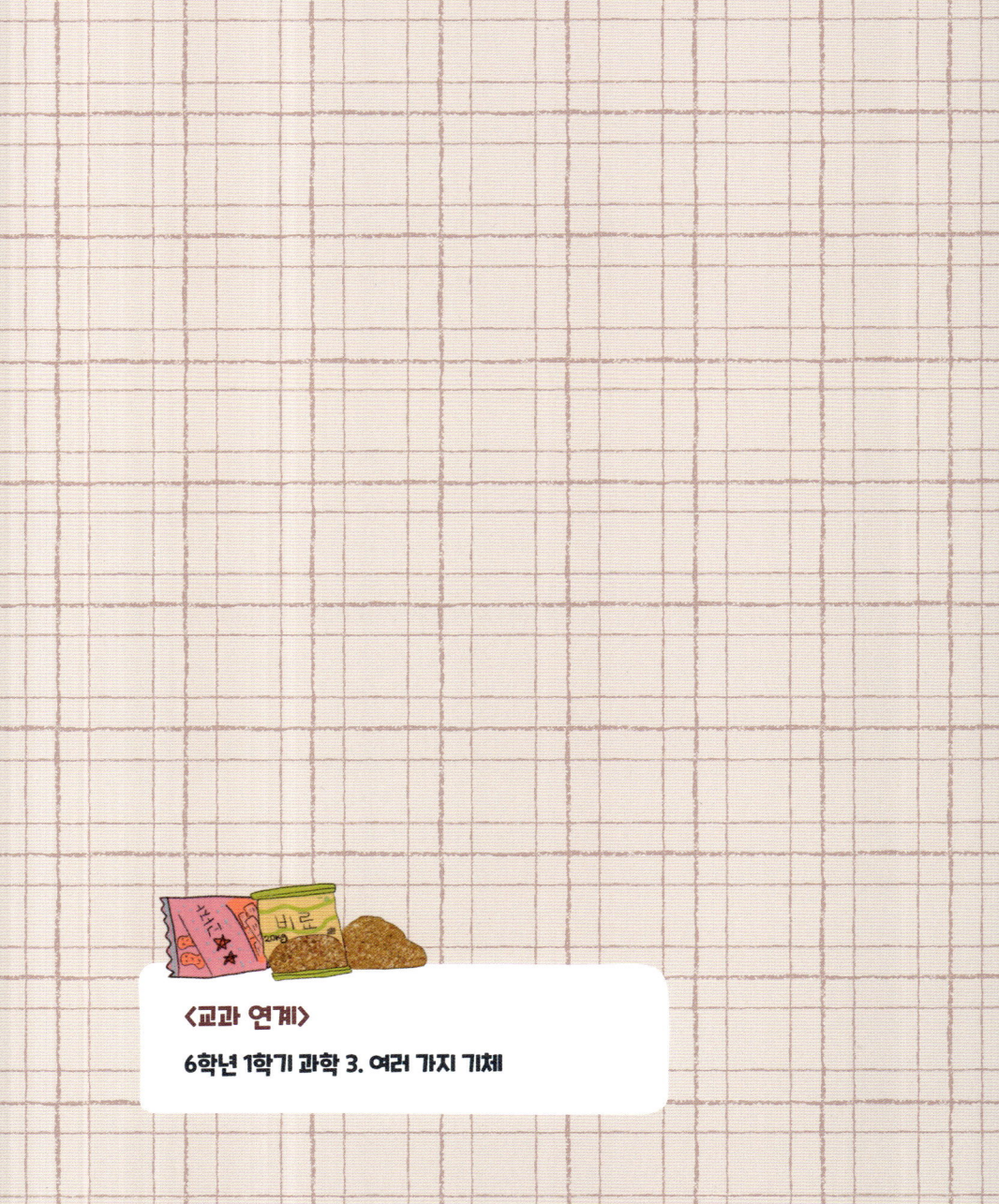

<교과 연계>

6학년 1학기 과학 3. 여러 가지 기체

미스터리 사건 파일 #3

루이 14세 커피 잔의 묘연한 행방

🗝 추리 열쇠
기체를 발생시키는 법과 기체의 성질 이용하기

"자, 오늘 별별 마트에서 경품 행사가 있습니다!"

나뚱뚱 경감은 경품이라는 말에 귀가 솔깃해졌어요. 그도 그럴 것이 1등이 바로 최고급 식당인 킹왕짱 레스토랑의 스페셜 식사권이었거든요.

킹왕짱 레스토랑은 호수 한가운데에 있는 오리 모양의 특별한 수중 레스토랑이랍니다.

레스토랑으로 가려면 오리 배를 타고 가야 하고, 음식을 다 먹고 나올 때도 레스토랑 선착장에 세워 둔 오리 배를 타고 나와야만 하죠. 간혹 수영으로 레스토랑까지 가려는 사람들이 있긴 한데, 호숫가엔 레스토랑의 셰프이자 주인인 왕중왕이 기르는 악어들이 살고 있답니다.

"헉, 저긴 내가 정말 가 보고 싶었던 곳인데!"

나뚱뚱 경감은 냉큼 경품 행사장으로 쫓아갔어요.

"손님, 행운의 캡슐을 하나 골라 주세요."

나뚱뚱 경감은 두근두근 떨리는 마음으로 빨주노초파남보 알록달록한 캡슐 중 하나를 골랐어요.

"빨간색을 고르셨군요!"

행사 진행자는 빨간색 캡슐을 조심스럽게 열었어요. 그러자 그 속에서 작은 쪽지 한 장이 나왔지요.

"과연 좋은 결과가 있을까요?"

"오오!"

나뚱뚱 경감은 두 눈을 꼭 감고 기도하는 듯한 자세로 기다렸어요.

"네, 축하드립니다! 1등 킹왕짱 레스토랑 식사권에 당첨되셨습니다."

"저, 정말입니까?"

나뚱뚱 경감의 단춧구멍만 한 눈이 달걀만큼 커졌어요.

"네, 즐거운 식사 시간 보내세요."

나뚱뚱 경감은 1등 경품인 식사권을 받아 들고 신난 아이처럼 폴짝폴짝, 아니 쿵쿵쿵 뛰었어요.

그 순간 지나가던 사람들은 지진이 난 줄 알고 얼음이 되었지요. 그러거나 말거나 신이 난 나뚱뚱 경감은 식사권을 꼭 움켜쥐고 빙그르르 춤을 추기도 했어요.

"그래, 이 기쁜 일을 고구마 탐정에게도 알려야지!"

나뚱뚱 경감은 고구마 탐정의 탐정 사무소로 달려갔어요.

"고, 구, 마, 탐, 정!"

신이 난 나뚱뚱 경감이 큰 소리로 고구마 탐정의 이름을 외치며 복도를 뛰어갔을 때였어요. 갑자기 탐정 사무소 문이 열리더니 옷을 아주 멀끔하게 차려입은 고구마 탐정이 나타났지요.

"아니, 자네, 어디 가는 길인가?"

"킹왕짱 레스토랑에요."

"헉, 자네도?"

"경감님과 같이 갈 예정이랍니다."

"나, 나랑?"

"오늘 별별 마트에 가셨죠?"

고구마 탐정이 나뚱뚱 경감에게 물었어요.

"헉, 그걸 어떻게 알았지?"

"방금 별튜브에 '별별 마트 지진 나다'라는 제목의 영상이 올라왔거든요. 그런데 뉴스나 신문에는 오늘 지진이 일어났다는 보도가 없었죠. 게다가 영상을 자세히 보면 누군가 신이 나서 콧노래까지 불러 가며 쿵쿵 뛰는 게 보여요."

"헉, 나로군."
"네, 그래서 형사님이 킹왕짱 레스토랑 식사권에 당첨

된 걸 눈치챈 거랍니다."

"하지만 내가 그냥 신나서 쿵쿵 뛰었을 뿐일지도 모르는 일 아닌가. 어째서 내가 당첨되었을 거라고 확신하는 거지?"

나뚱뚱 경감이 슬그머니 말꼬리를 내리며 말했어요.

"나뚱뚱 경감님이 제일 싫어하는 일이 뭐죠?"

"운동이지."

"그렇다면 나뚱뚱 경감님이 제일 좋아하는 일은?"

"먹는 거."

"그것만 봐도 나뚱뚱 경감님이 신이 나서 폴짝거리며 춤을 출 정도면 먹는 것과 관련되었을 거란 짐작을 할 수 있죠. 거기다가 평소에 별별 마트에서는 종종 킹왕짱 레스토랑 식사권을 경품으로 내걸었어요. 그래서 형사님이 식사권에 당첨되었다고 추리했죠."

"그, 그렇군."

고구마 탐정은 점심을 먹으려면 서둘러야 한다며 나뚱뚱 경감에게 앞장서라고 말했어요.

하지만 내가 왜 자네와 함께 가야 하지?

그야 나뚱뚱 경감님이 그동안 제게 신세 진 것이 아주아주 많으니까요.

이렇게 해서 나뚱뚱 경감과 고구마 탐정은 비싸기로 유명한 킹왕짱 레스토랑에 가게 되었답니다.

"헉, 헉, 오리 배 페달을 굴리는 게 이렇게 힘들 줄이야!"

나뚱뚱 경감과 고구마 탐정이 탄 오리 배가 기우뚱거리며 호숫가 가운데 둥둥 떠 있는 킹왕짱 레스토랑을 향해 갔어요.

"여기까지 운동을 하며 왔더니 배가 고파서 손가락 하나 까딱할 힘도 없는 것 같아!"

"헥, 왕중왕이라는 셰프가 음식을 더 맛있게 먹을 수 있도록 생각해 낸 특별한 방법이 바로 오리 배라잖아요."

나뚱뚱 경감과 고구마 탐정은 간신히 오리 배를 세우고 레스토랑 안으로 들어갔어요.

킹왕짱 레스토랑은 입구부터 고급스러운 장식품이 진열되어 있었어요. 마치 14세기 프랑스 궁전에 온 듯한 착각을 불러일으킬 정도로 오래되고 고급스러운 골동품들이 가득했지요.

나뚱뚱 경감과 고구마 탐정은 입을 쩍 벌리고 레스토랑을 둘러보았어요. 그러자 레스토랑의 지배인이 다가와 깍듯하게 인사를 했지요.

"어서 오십시오, 손님."

"헉, 헉, 배가 고파서 죽을 것 같아요! 뭐든 좋으니 당장 먹을 것 좀 주세요!"

나뚱뚱 경감이 헐떡이며 말하자 지배인은 아주 침착하게 대답했어요.

"네, 금방 자리를 준비해 드리겠습니다."

이윽고 두 사람은 레스토랑 안쪽 자리로 안내되었지요. 고구마 탐정은 고풍스러운 식탁보가 깔려 있는 테이블에 앉아 주변을 두리번거렸어요.

　이때 지배인이 따뜻한 차를 준비해 왔어요.

　"이것은 긴장을 풀어 주는 캐모마일 차랍니다. 음식이 나오는 동안 음악을 감상하며 즐겨 주십시오."

　고구마 탐정은 찻잔을 보고 눈이 휘둥그레졌어요.

　"혹시 이 찻잔은!"

　"네, 눈치채셨나 봅니다. 이건 루이 14세가 궁궐에서 쓰던 것이랍니다."

　"우아, 과연 최고의 레스토랑이라고 칭찬할 만하군요!"

　나뚱뚱 경감과 고구마 탐정은 엄청나게 고급스러운 레스토랑의 분위기와 소품들을 보고 입이 쩍 벌어졌어요.

곧이어 기다리던 음식이 나왔어요.

"우선 입맛을 북돋아 줄 감자 수프랍니다. 천천히 드십시오."

지배인이 그릇을 내려놓기 무섭게 나뚱뚱 경감은 수프를 그릇째 들고 호로록 마셔 버렸어요.

"수프를 더 주실 수 있나요?"

나뚱뚱 경감이 수프 그릇을 핥으며 묻자 지배인은 상냥한 미소를 지으며 대꾸했지요.

"그럼요, 무엇이든 필요한 건 얼마든지 준비해 드리겠습니다. 잠시만 기다려 주십시오."

지배인이 사라지자 고구마 탐정이 나뚱뚱 경감을 향해 소곤소곤 말했어요.

"경감님, 여긴 정말 좋은 곳인 것 같아요!"

"음식 맛도 최고일 거야!"

그때 쨍그랑 소리와 함께 누군가의 앙칼진 목소리가 울렸어요.

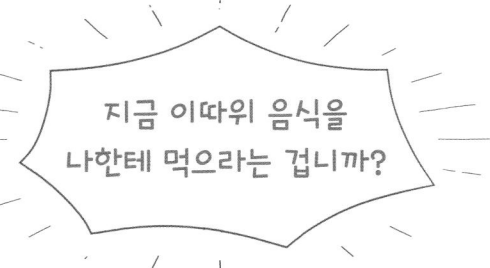
지금 이따위 음식을 나한테 먹으라는 겁니까?

고개를 돌려 보니 유명 배우인 유명해가 지배인을 향해 소리치고 있었지요.

"어떤 부분이 마음에 안 드십니까, 손님."

"난 이 레스토랑의 VIP라고! 그런데 이렇게 질기고 맛없는 스테이크를 가져오다니, 지금 나를 무시하는 겁니까?"

유명해는 고기가 유난히 질기다며 신경질을 냈어요. 샐러드에서도 비린 냄새가 난다고 투덜거렸지요.

"다시 내오겠습니다. 정말 죄송합니다."

지배인은 몸을 90도로 숙인 채 연거푸 죄송하다고 사과했어요. 그러자 유명해는 당장 새로운 음식을 가져오라고 신경질적으로 외쳤지요.

그 모습을 본 고구마 탐정은 눈살을 찌푸렸어요.

"맛있기만 한데, 왜 저래?"

"그러게 말이야."

그 후 고구마 탐정과 나뚱뚱 경감은 스테이크가 나오자마자 게 눈 감추듯 한입에 먹어 치웠어요. 지배인은 고구마 탐정 일행에게 왕중왕 셰프가 준비한 특별 서비스라며 감자 요리를 가져왔지요.

눈꽃처럼 하얀 감자 샐러드 위에 빨간 소스가 뿌려져 있는 요리는 마치 예술 작품 같았어요.

"와, 왕중왕은 잡지와 텔레비전에도 자주 나올 정도로 인기가 많은 셰프라더니, 과연 실력이 엄청나군요!"

"정말 맛있어 보여요!"

왕중왕 셰프의 감자 요리는 입안에 넣자마자 사르르 녹아 버릴 정도로 달콤하고 맛있었어요. 마치 솜사탕을 먹는 듯한 기분이었지요.

고구마 탐정과 나뚱뚱 경감이 감격해서 요리를 먹고 있을 때였어요.

배우 유명해가 또다시 소리를 지르며 요리를 다시 내오라고 하지 뭐예요.

"지금 이걸 요리라고 가져온 겁니까?"

"죄, 죄송합니다."

"흥, 한 번은 참지만 두 번은 못 참아요. 당장 이걸 만든 요리사가 와서 사과하도록 하세요!"

유명해의 고함을 들은 셰프 왕중왕이 부랴부랴 달려 나왔어요.

"죄송합니다. 요리가 마음에 들지 않으셨습니까?"

왕중왕의 사과에도 유명해는 이대로 넘어갈 수 없다며 팔짱을 끼고 거만한 표정을 지었어요.

"고작 그런 인사로 사과를 대신하려는 겁니까? 당장 내 마음에 들게 사과하지 않으면 이 식당의 음식이 형편없다고 온 세상 사람들에게 소문낼 겁니다."

"어, 어떻게 사과를 드려야 하나요?"

왕중왕이 절절매며 묻자 유명해는 자신이 평소 이 레스토랑에 올 때마다 갖고 싶었던 것이 있는데 그걸 준다면 화를 누그러트릴 수 있을 것 같다고 했지요.

"무엇을 갖고 싶으십니까, 손님."

왕중왕이 묻자 유명해는 루이 14세가 쓰던 커피 잔 세트를 달라고 말했어요. 그 말을 들은 지배인은 절대 안 된다고 소리쳤어요.

"안 됩니다, 그 귀한 걸 손님께 드릴 수는 없어요! 그건 이 식당의 상징과도 같은 것이잖아요!"

왕중왕도 대답을 하지 못하고 우물쭈물 망설였어요.

그도 그럴 것이 루이 14세가 쓰던 커피 잔 세트는 수집가들 사이에서 아주 인기 있는 골동품이었어요. 돈으로 값어치를 따질 수 없을 정도로 귀한 것이었지요.

"지금 내 제안을 거절하는 겁니까?"

유명해는 당장 기자들을 불러 식당이 엉망이란 인터뷰를 할 것이라고 협박하듯 말했어요. 그 모습을 지켜보던 고구마 탐정은 나이프를 탁 내려놓으며 자리에서 일어섰어요. 유명해의 행패를 보고만 있을 수는 없었기 때문이지요.

그런데 그때 가게가 정전되고 말았지 뭐예요.

"정전이다!"

"불을 켜, 불을!"

"전기가 안 들어와요. 촛불은 어디 있지? 손전등은?"

"어머머, 내 핸드폰은 어디 있는 거지? 보이지 않아요!"

깜깜한 공간에 갇힌 사람들은 우왕좌왕했어요.

그 순간 유명해의 비명이 들려왔지요. 그리고 타-타-탁 하고 복도를 달려가는 누군가의 발소리가 이어졌어요.

고구마 탐정은 발소리가 어느 쪽으로 향하는지 집중해서 들었어요.

주위가 다시 밝아진 건 약 3분 정도의 시간이 지나고 나서였어요.

"전기가 다시 들어온 건가?"

"아니, 불이에요. 진짜 불!"

사람들의 말대로 캄캄한 주변이 밝아진 건 주방 한쪽에서 치솟은 불길 때문이었지요. 사람들은 소리를 지르기 시작했어요.

"소화기는 어디 있지?"

"불이야, 불!"

소화기를 찾는 사람들의 목소리를 들은 지배인이 안절부절못하며 외쳤어요.

"하필 오늘 대청소를 하느라고 소화기들을 창고에 두었지 뭐예요. 소화기가 지금 여기에 없는데 어떡하죠?"

"윽, 불이 번지면 큰일인데!"

식당 안에 있던 사람들도 어찌할 줄 모르고 우왕좌왕했어요.

그때 고구마 탐정이 잽싸게 주방으로 달려갔지요.

"고구마 탐정, 위험해! 그러다 군고구마가 될 수도 있다고!"

놀란 나뚱뚱 경감이 고구마 탐정에게 당장 나오라고 소리쳤어요.

그 사이 고구마 탐정은 주방 안쪽에 있는 물병을 꺼내 식초를 담고, 그 속에 청소할 때 사용하는 소다를 집어넣었지요.

"고구마 탐정, 위험해!"

"이가 없으면 잇몸이랬다고 소화기가 없어도 불을 끌 수 있으니 걱정하지 마세요!"

고구마 탐정은 물병을 있는 힘껏 흔들었어요. 그러자 물병 속에서 부글부글 거품이 흘러나왔지요.

"식초에다 소다를 넣으면 부글부글 생기는 이 거품,

이게 바로 이산화 탄소거든요!"

고구마 탐정이 급히 만든 이산화 탄소를 뿌리자 주방

에서 솟구친 불길이 사그라졌어요.

그때 딸깍 소리와 함께 전등에 불이 들어왔답니다.

"오, 이제 진짜 불이 들어왔네요."

사람들은 비로소 안도의 한숨을 내쉬었어요. 나뚱뚱 경감은 경찰 신분증을 높이 치켜들며 물었지요.

"저는 경찰입니다. 모두 괜찮으십니까?"

"악!"

그때 지배인의 외마디 비명이 들려왔어요. 사람들이 일제히 지배인이 서 있는 쪽을 쳐다보았지요.

"으악!"

"유명해가 쓰러졌어!"

지배인의 바로 앞에는 배우 유명해가 머리에 피를 흘리며 쓰러져 있었어요.

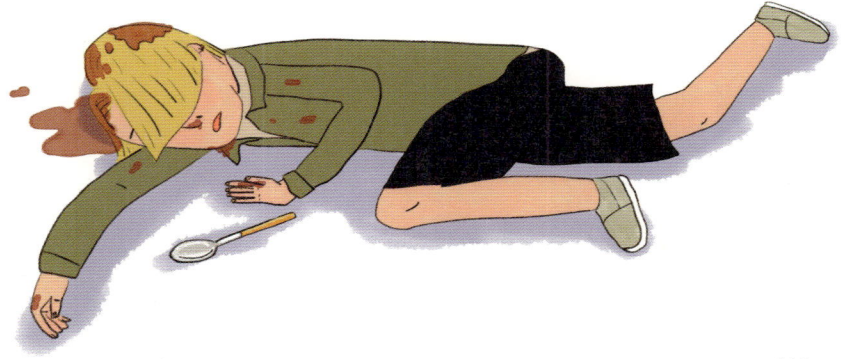

"이봐요, 괜찮아요?"

나뚱뚱 경감은 뱃살을 출렁이며 유명해에게 달려갔어요. 다행히 유명해는 금방 정신을 차렸어요.

"무슨 일이 있었던 겁니까?"

"윽, 아무 기억도 나지 않아요. 정전되었고, 어둠 속에서 누군가 내 머리를 아주 세게 후려쳤다는 것 말고는 기억이 나지 않아요."

유명해는 불이 났던 것조차 모르고 있었어요.

그때 왕중왕 셰프가 두 눈을 휘둥그레 치켜뜨며 소리쳤어요.

"없어, 없어!"

"뭐가요?"

고구마 탐정이 묻자 왕중왕이 자리에 털썩 주저앉으며 소리쳤어요.

"진열대에 놓여 있던 루이 14세의 커피 잔 세트가 사라졌다고! 이 레스토랑에서 가장 비싼 것인데!"

왕중왕은 그 그릇은 값을 매길 수 없을 정도로 귀한 것이며, 이 식당의 상징 같은 것이니 제발 찾아 달라고 애원했어요.

에, 이곳은 한번 들어오면 마음대로 나갈 수 없는 **밀실** 같은 곳이니 안심하십시오. 호수 밖으로 나가려면 오리 배를 타야 하는데, **없어진 오리 배는 단 한 대도 없지 않습니까.**

나뚱뚱 경감은 손님들의 소지품을 검사해 보면 틀림없이 사라진 커피 잔 세트를 찾을 수 있을 거라고 말했어요.

하지만 손님들의 지갑과 가방 속을 탈탈 털어 보아도 커피 잔 세트는 보이지 않았어요.

그러자 지배인은 유명해를 향해 두 눈을 부릅뜨며 말했어요.

"솔직히 말하세요, 유명해 씨! 당신이 그걸 훔친 거죠?"

"뭐, 뭐라고요?"

"당신이 그 커피 잔 세트를 매우 욕심내고 있었다는 걸 알고 있어요. 평소 당신은 이 레스토랑에 있는 루이 14세의 커피 잔 세트를 갖는 게 소원이라고 말하고 다녔잖아요! 그런 인터뷰 기사를 읽은 적이 있다고요."

지배인의 말에 유명해가 자신은 커피 잔을 훔치지 않았다고 소리쳤어요. 하지만 사람들은 의심스러운 눈으로 유명해를 바라보았지요.

"난 정말 아니에요. 억울해! 그리고 다들 잊었나 본데 난 정전됐을 때 누군가에게 공격을 받고 쓰러졌었어요. 머리에 피까지 났다고!"

그 말을 들은 사람들은 대체 누가 범인인지 모르겠다며 수군거렸어요.

"휴, 고구마 탐정, 과연 범인이 우리 중에 있긴 한 걸까?"

나뚱뚱 경감의 말에 고구마 탐정은 침착한 목소리로 말했지요.

"우선 정전이 된 시간은 3분 남짓이었어요. 그동안 여기 있던 사람들이 무얼 했는지 알아보도록 하죠."

고구마 탐정의 말에 나뚱뚱 경감은 한 사람씩 일어나 정전되었을 때 무얼 했는지 얘기해 보라고 했어요.

왕중왕 셰프가 먼저 말했어요.

그때 전 당연히 유명해 씨의 옆에 서 있었지요.

저는 어둠 속을 더듬고 주방으로 가려고 움직였습니다. 전기 스위치가 주방 안쪽에 있는 다용도실 안에 있거든요.

하지만 지배인은 너무 어두워서 주방으로 가는 걸 포기했다고 말했어요.

"그렇다면 다음, 보조 요리사인 당신은 어디에 있었습니까?"

나뚱뚱 경감이 예리하게 묻자 주방에 있던 보조 요리사가 떨리는 목소리로 더듬더듬 말했어요.

> 저, 저는 정전이 되었을 때 주방에 있었습니다. 셰프님의 명령으로 감자 요리를 만들기 위해 감자를 강판에 갈고 있었거든요. 사실 오늘은 **감자 요리를 할 계획이 없었는데** 셰프님이 갑자기 감자 요리를 하겠다고 하셔서 정말 힘들었어요.

보조 요리사의 말에 왕중왕 셰프가 버럭 소리쳤어요.

"지금 무슨 소릴 하는 거야! 요리 재료를 태워 먹었으니 감자 샐러드를 만들자고 한 건 바로 자네잖아."

"제가 언제요?"

왕중왕은 입을 꾹 다물고 씩씩거렸어요.

"정전되었을 때 주방엔 아무도 오지 않았나요?"

고구마 탐정이 묻자 보조 요리사는 고개를 끄덕였어요.

"아마도요. 주방엔 아무도 들어오지 않았을 거예요."

"그래요?"

잠깐, 아까 강판에 감자를 갈았다고 하셨죠? 그런데 제가 불을 끄기 위해 주방으로 갔을 때는 **감자가 없었어요.**

고구마 탐정의 말에 보조 요리사는 고개를 갸웃거렸어요.

"그러게요. 감자에 발이 달린 것도 아닌데 감쪽같이 사라졌네요."

그 말을 들은 나뚱뚱 경감은 아무래도 보조 요리사가 수상쩍은 것 같다며 고구마 탐정에게 속삭였어요.

"아뇨, 제일 수상한 건 유명해

씨라고요! 정전이 났을 때 어디 있었는지 기억도 안 난다고 하잖아요. 유명해 씨가 커피 잔 세트를 몰래 숨기고선 누군가에게 맞아 쓰러진 것처럼 연기하는 것일지도 모르죠!"

지배인의 말에 나뚱뚱 경감은 고개를 끄덕였어요.

"듣고 보니 그 말도 매우 일리가 있군."

"지금 나를 의심하는 겁니까? 나는 유명 배우라고요, 배우!"

그 말을 들은 유명해가 발끈했어요.

"흥, 그러니 연기를 하는 것일지도 모르죠."

"피까지 흘리며 쓰러졌는데 나를 범인으로 몰다니, 절대로 가만있지 않겠어요!"

유명해가 소리칠 때였어요. 왕중왕 셰프가 코를 킁킁거리며 유명해의 주변을 살피기 시작했어요.

"왜 이래요?"

"가만, 이 달콤한 냄새는!"

왕중왕 셰프는 유명해의 머리에 묻은 피를 손가락으로

쓰윽 닦아서 날름 맛을 보았지요.

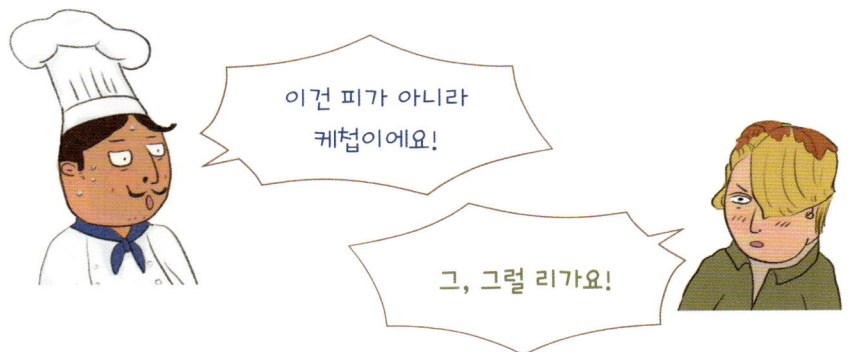

유명해는 그럴 리 없다고 소리쳤어요.
"난 정말 누군가에게 뒤통수를 맞고 쓰러졌었다고요!"
"조용, 조용! 범인은 밝혀졌어요. 범인은 바로 유명해 씨 당신입니다."

나뚱뚱 경감은 유명해의 손에 수갑을 채우며 모든 건 끝났다고 말했어요. 그때 고구마 탐정의 얼굴이 벌겋게 달아오르기 시작했어요. 달짝지근한 냄새가 레스토랑 가득 퍼져 나갔지요.

사람들은 코를 킁킁거리며 "음, 이런 맛있는 냄새는 처음이야!"라고 소리쳤어요.

사람들은 자기도 모르게 고구마 탐정의 어깨에 손을 갖다 대려 했어요.

"어허, 함부로 손대지 마세요, 지금 고구마 탐정이 추리하는 거니까요."

나뚱뚱 경감이 사람들을 향해 말했지요.

그사이 달콤한 냄새의 유혹을 참지 못한 유명해가 고구마 탐정의 어깨에 손을 대고 말았어요. 순간 찐득찐득한 뭔가가 손에 달라붙었지요.

"윽, 이게 대체 뭐야!"

"고구마 탐정의 땀이에요. 찐득하고 달콤하죠. 나도 처음엔 먹어도 되는 건 줄 알고 입맛을 다셨다니까요."

나뚱뚱 경감이 허허 웃으며 말했어요.

그때 추리를 끝낸 고구마 탐정이 벌게진 얼굴로 사람들을 바라보았지요.

"추리가 끝났어요!"

"범인을 찾아냈나요?"

"네, 범인은 바로!"

　고구마 탐정이 말을 멈추고 왕중왕과 유명해, 그리고 지배인을 바라보았어요.

　"빨리 좀 얘기해 줘요! 고구마를 백 개쯤 먹은 것처럼 답답하잖아요!"

　사람들이 아우성쳤어요.

　"유명해 씨의 뒤통수를 때리고 케첩을 뿌려 놓은 범인은 왕중왕 씨입니다."

　"그럴 줄 알았어. 당신이 커피 잔을 잃어버린 것처럼 꾸며 놓고 나한테 모든 걸 덮어씌우려고 한 거로군!"

유명해가 왕중왕을 향해 버럭 소리쳤어요. 그러자 고구마 탐정이 고개를 흔들었어요.

"하지만 커피 잔을 숨긴 범인은 따로 있어요."

"뭐라고요?"

"그게 누군가?"

"범인은 바로 지배인입니다."

그 말을 들은 지배인은 자신은 절대 아니라며 코웃음을 쳤어요.

"증거는 세 가지. 바로 지배인님이 우리에게 감자 요리를 서비스로 주었다는 것, 그리고 주방에 있던 강판 속 감자가 감쪽같이 사라졌다는 것, 마지막으로 지배인님의 옷에 청소할 때 쓰는 가루 세제가 살짝 묻어 있다는 것입니다."

전 아무 짓도 하지 않았다고요. 그리고 제가 커피 잔을 감췄다는 증거가 어디 있습니까?

"서비스를 준 게 죄가 되나요? 게다가 가루 세제는 레스토랑을 청소할 때 묻은 것일 뿐이에요!"

지배인은 자신은 절대 커피 잔을 감추지 않았다며 큰 소리를 떵떵 쳤어요.

"제가 범인이라면 루이 14세의 커피 잔은 어디 있단 말입니까? 얼마든지 찾아보십시오."

"고구마 탐정, 레스토랑에서는 커피 잔이 발견되지 않았네. 아무리 찾아도 없었어."

나뚱뚱 경감이 소곤거리자 고구마 탐정이 씩 미소를 지었어요.

> 걱정하지 마세요,
> 커피 잔은 지금 호수 속에 잠겨 있어요.
> 두 시간쯤 뒤에 물 위로 떠오를 거랍니다.

"그게 무슨 말인가?"

"표백제가 든 봉지 속에 감자를 갈아 넣어 섞으면 봉지가 부풀어 오르게 돼요. 봉지 속에 산소가 생겨나기 때문이죠. 감자 속에 들어 있는 카탈라아제라는 성분이 표백제와 만나서 산소를 만들어 내는 거랍니다."

고구마 탐정은 지배인이 일부러 정전을 일으켜 놓고 그사이 주방으로 가서 갈아 놓은 감자와 커피 잔을 비닐봉지에 넣었을 거라고 말했어요.

"아마도 세제를 두 컵 정도 넣어 주었겠지요. 그런 다음 비닐봉지 입구를 고무 밴드로 묶고 봉지 안의 감자와 표백제가 잘 섞일 수 있도록 흔들면 산소 탱크가 만들어지죠. 지금 당장은 커피 잔의 무게 때문에 비닐봉지가 물속에 잠겨 있겠지만 두 시간쯤 지나면 물 위로 떠오를 거랍니다."

"그, 그럴 수가!"

나뚱뚱 경감은 당장 경찰에게 연락해서 호수를 수색하도록 했어요.

두 시간쯤 흐르자 고구마 탐정의 말대로 호수 속에서 뭔가 들어 있는 비닐봉지들이 둥둥 떠올랐지 뭐예요.

"이제 모든 건 끝났습니다."

고구마 탐정이 말했어요.

"내 잘못을 인정하겠습니다. 실은 툭하면 우리 식당을 찾아와서 음식이 맛이 없다느니, 서비스가 불친절하다느니 하며 시비를 거는 유명해 씨가 견딜 수 없을 정도로 미웠습니다. 그런데 그를 혼내 줄 방법이 있다고 해서……."

지배인은 자신의 죄를 인정한다며 고개를 푹 숙였어요.

결국, 정전된 동안 유명해의 뒤통수를 때린 킹왕짱 레스토랑의 셰프 왕중왕과 루이 14세의 커피 잔을 호수에 숨긴 지배인은 체포되었지요.

"흥, 감히 나를 괴롭히려고 하다니! 꼴좋다!"

유명해는 코웃음을 치며 고소해했어요. 그런 유명해를 향해 고구마 탐정이 말했어요.

"참, 아까 내가 추리할 때 흘린 땀이 당신 손에 묻었더라고요."

"아, 그거요?"

"그건 당분간 지워지지 않을 거랍니다. 당신은 당분간 그 누구의 손도 잡지 못할 거고, 무엇도 마음대로 만질 수 없을 거예요. 이건 내가 당신에게 주는 벌입니다."

고구마 탐정은 무엇으로도 지워지지 않는 끈끈한 고구마 진액을 만진 유명해를 향해 고소하다는 듯 웃었어요.

사건은 이렇게 마무리되는 듯했지요.

고구마 탐정이 오리 배를 타고 섬 밖으로 나가려던 때였어요. 고구마 탐정은 고개를 푹 숙인 채 경찰 배에 오르는 지배인을 보고 고개를 갸웃하며 중얼거렸어요.

나뚱뚱 경감이 물었지요.

"아까 그랬잖아요. 혼내 줄 방법이 있다고 해서라고. 그건 누군가에게 얘기를 들었다는 뜻인데……."

그 순간 고구마 탐정은 자기는 감자 요리를 준비하라

고 한 적이 없다며 펄펄 뛰던 왕중왕 셰프의 모습이 떠올랐어요.

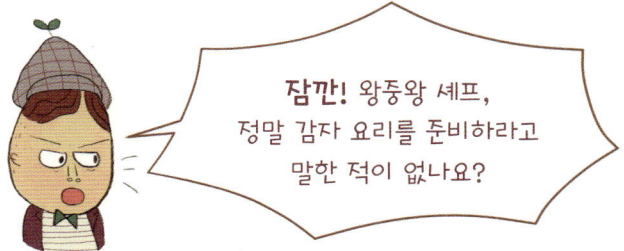

고구마 탐정이 경찰 배를 향해 소리쳤어요.

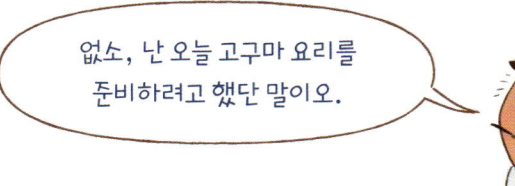

그 말을 들은 고구마 탐정은 잽싸게 오리 배의 방향을 돌려 킹왕짱 레스토랑으로 돌아갔어요. 그곳은 마치 도둑이 든 것처럼 엉망이었지요.

"없어! 루이 14세의 커피 잔 세트가 없어!"

고구마 탐정은 주변을 두리번거리다가 쪽지 한 장을 발견했어요.

고구마 탐정은 비로소 이 모든 계획을 꾸민 것이 보조 요리사로 변장하고 있던 괴도 팡팡의 짓임을 눈치챘지요. 하지만 괴도 팡팡은 감쪽같이 사라지고 없었어요.

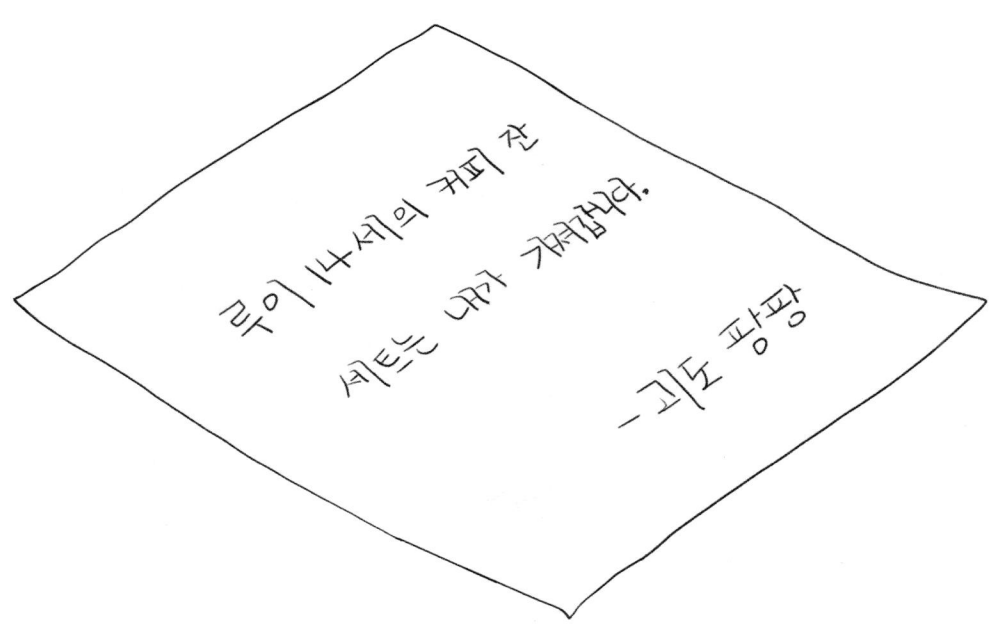

루이 14세의 커피 잔 세트는 내가 가져갑니다.

-괴도 팡팡

도전! 고구마 탐정의 과학 추리 퀴즈
괴도 팡팡의 킹왕짱 레스토랑 탈출기

나뚱뚱 경감과 고구마 탐정은 부랴부랴 킹왕짱 레스토랑으로 돌아왔어요. 하지만 레스토랑 안은 엉망이었고, 괴도 팡팡은 감쪽같이 사라진 후였지요. 오리 배가 없으면 탈출할 수 없는 섬 한가운데에서 괴도 팡팡은 어떻게 사라진 걸까요?

오리 배의 숫자는 그대로일세! 괴도 팡팡은 오리 배를 타고 사라진 게 아니야.

혹시 하늘을 나는 기구나 풍선을 타고 날아간 건 아닐까요?

그 녀석은 몸집이 아주 작으니까 충분히 그럴 수 있지.

아뇨, 그때 킹왕짱 레스토랑 주변의 하늘을 찍은 사진을 보면 하늘엔 기구나 풍선이 없었어요.

그렇다면 순간 이동? 혹시 괴도 팡팡이 초능력자가 아닐까요?

아뇨, 방법은 있어요.

오리 배가 없으면 빠져나갈 수 없는 킹왕짱 레스토랑에서 감쪽같이 사라져 버린 괴도 팡팡. 괴도 팡팡은 어떻게 사라진 걸까요? 사건의 열쇠는 바로 '우리가 좋아하는 이것'이에요.

※ 다음 숨은 그림에서 힌트를 찾으세요!

숨은그림찾기 봉지 과자, 포크, 카세트테이프, 털실, 바늘

 봉지 과자가 여기저기 있더군. 다른 건 없던데?

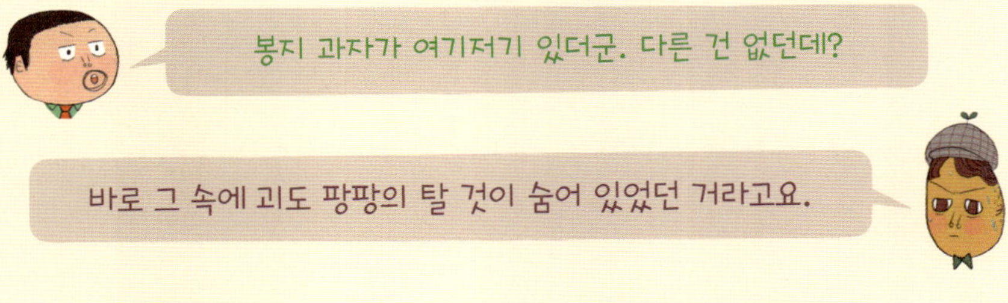

바로 그 속에 괴도 팡팡의 탈 것이 숨어 있었던 거라고요.

141

 고도 팡팡은 봉지 과자를 털실로 엮은 다음 뗏목을 만들었던 거예요. 그리고 뗏목을 타고 유유히 킹왕짱 레스토랑을 빠져나간 것이죠.

사건 해결!

탐정이 되기 위해 꼭 알아야 할 과학 원리
여러 가지 기체의 비밀

※ 나뚱뚱 경감의 목소리가 갑자기 이상하게 변한 이유는 무엇일까요?

헬륨 가스는 목소리를 바꾸는 데 쓰는 거야? 그럼 범죄자 전용 가스라고 해도 되겠네.

아냐, 헬륨은 하늘을 나는 기구나 공기 중으로 떠오르는 풍선에 주입하는 가스야. 초전도 자기 부상 열차도 이것으로 움직이지.

공기 중에는 여러 가지 기체가 있는데, 이것들은 우리 생활에 여러 가지로 이용되고 있어요.

산소는 숨을 제대로 쉬지 못하는 환자들의 호흡을 돕는 데도 이용되고, 용접용 가스로도 사용되지요. 그리고 우주선의 추진 연료로도 활용된답니다. 이산화 탄소는 우리 몸과 환경에는 아주 해롭지만, 쓸모가 있어요. 소화기로도 이용되고, 액체 소화제로도 사용되거든요. 그리고 탄산음료에도 이산화 탄소가 들어간답니다. 수소는 수소 연료를 이용한 자동차에 주로 쓰이고 네온은 조명 기구나 광고용 네온사인에 쓰이지요. 또 크세논이라는 가스는 사진을 촬영할 때 찰칵하고 터지는 플래시램프에 꼭 필요한 가스랍니다. 아르곤은 형광등을 만드는 데 주로 쓰이는 기체지요.

숨은그림찾기 정답

49쪽

141쪽

다음 권에서 만나요!